赢在视频号

成佳 元宝 程鹏 ◎ 著

中国商业出版社

图书在版编目（CIP）数据

赢在视频号 / 成佳，元宝，程鹏著. -- 北京：中国商业出版社，2024. 12. -- ISBN 978-7-5208-3217-5

Ⅰ. F713.365.2

中国国家版本馆CIP数据核字第2024L62X73号

责任编辑：石胜利

策划编辑：王　彦

中国商业出版社出版发行

（www.zgsycb.com　100053　北京广安门内报国寺1号）

总编室：010-63180647　编辑室：010-63033100

发行部：010-83120835/8286

新华书店经销

廊坊市佳艺印务有限公司印刷

*

880 毫米 ×1230 毫米　32 开　8.5 印张　188 千字

2024 年 12 月第 1 版　2024 年 12 月第 1 次印刷

定价：79.00 元

* * *

（如有印装质量问题可更换）

目录

第一章 视频号，个人IP的放大器 … 1

1.1 视频号的红利为什么不能错过 … 2
    1.1.1 视频号的母体是微信 … 3
    1.1.2 视频号是公域流量和私域流量的桥梁 … 3
    1.1.3 视频号是展现个人品牌力的最好窗口 … 5

1.2 个人IP做视频号的优势在哪 … 7
    1.2.1 没有IP的个体无话语权 … 7
    1.2.2 视频号打造个人IP的优势 … 9

1.3 企业为什么必须做视频号 … 11
    1.3.1 视频号带给企业的四大红利 … 11
    1.3.2 视频号带给企业的六大价值 … 12

第二章 认得清，才能做得好：全面认识视频号 … 15

2.1 视频号的注册与认证你不能不会 … 16
    2.1.1 开通视频号 … 16
    2.1.2 视频号认证 … 20

2.2 视频号的视觉形象装修 … 25
    2.2.1 账号头像包装 … 26
    2.2.2 简介的设计 … 27
    2.2.3 主播形象包装 … 28
    2.2.4 文化形象建设 … 29

2.3 视频号中如何打造你的符号性人设 32
    2.3.1 设计你的本色符号 32
    2.3.2 人设在于细节 34

2.4 视频号必懂的基本操作 38
    2.4.1 视频号名字是门面，取个好名字很重要 38
    2.4.2 视频号如何上传和发布作品 41
    2.4.3 视频号作品的格式要求和编辑方法 41
    2.4.4 视频号作品的原创保护 43

2.5 视频号的基因定位 45
    2.5.1 视频号名称这样定位 45
    2.5.2 以用户人群定位视频号 47
    2.5.3 以兴趣定位视频号 49
    2.5.4 以专业或领域定位视频号 50
    2.5.5 以现有的资源定位视频号 51

2.6 视频号的算法和社交属性 53
    2.6.1 社交推荐优先 54
    2.6.2 兴趣算法推荐 55
    2.6.3 搜索 57

第三章 适合的，才是最好的：视频号内容定位与策划 59

3.1 视频号跟风的8个大坑 60

3.2 受众喜欢什么，就应该去放大什么 63
    3.2.1 三点定位法 63
    3.2.2 用户需要什么内容 70
    3.2.3 如何创作视频号内容 73
    3.2.4 如何在视频号中创造新奇 76

3.3 找好对标，先像，再成为，再超越 78
    3.3.1 巧妙发现对标账号 78
    3.3.2 找到对标账号实操 80

3.4 视频号选题怎么选才能爆 83
    3.4.1 爆款视频内容设计的4个重点 83
    3.4.2 爆款视频的脚本制作 85
    3.4.3 爆款视频常见的6种风格 87

第四章 真实的，才最吸引人：视频号内容创作技法 91

4.1 视频号拍摄技巧 92
- 4.1.1 视频号的主要拍摄模式 92
- 4.1.2 视频号拍摄方法及运镜手法 94
- 4.1.3 拍摄过程中的细节问题 96

4.2 视频号的画面与音乐如何配合更吸引人 98
- 4.2.1 选择音乐的基本原则 98
- 4.2.2 选择音乐的两个技巧 100

4.3 视频剪辑与制作方法 102
- 4.3.1 设置视频号画面比例的技巧 102
- 4.3.2 如何编辑视频号内容背景封面 103
- 4.3.3 如何设置视频号字幕 104
- 4.3.4 如何创建视频号内容文案主题 106
- 4.3.5 如何添加画中画 108
- 4.3.6 视频号剪辑的注意事项 110

4.4 什么样的封面与标题才更吸引人点开 112
- 4.4.1 视频号作品封面设计四大注意事项 113
- 4.4.2 人设视频封面的设计与使用 116
- 4.4.3 美食、服装类视频号封面的设计与使用 118
- 4.4.4 撰写文案的两个思路 120
- 4.4.5 勾人文案的5个技巧 122

4.5 如何才能巧妙留下钩子 124
- 4.5.1 互动性内容的设计方法 124
- 4.5.2 强化互动效果的3个小技巧 125
- 4.5.3 引流的3个核心思维 126
- 4.5.4 引流的12个小技巧 128

第五章 讲策略，用数据说话：视频号推广与流量运营 131

5.1 视频号推广渠道与方法 132
- 5.1.1 视频号内引流与推广 132
- 5.1.2 视频号外引流推广 138

5.2 视频号的头部和底部的信息引流   141
    5.2.1 视频号头部的建设   141
    5.2.2 视频号底部的建设   142
5.3 如何利用点赞、分享、评论提升曝光   145
    5.3.1 剖析用户心理，构建执行意向   145
    5.3.2 引导用户互动的4个技巧   147
5.4 视频号推广数据分析与优化   150
    5.4.1 具有优化潜力的入口   150
    5.4.2 优化策略   155
5.5 视频号的矩阵化运营   157
    5.5.1 确定多个更细分方向   157
    5.5.2 做好矩阵之间的互动   159
    5.5.3 账号之间要有差异化   159

第六章 用巧力，拿结果证明：视频号上热门策略   161

6.1 如何让系统判定是好内容   162
    6.1.1 系统眼中的"好内容"   162
    6.1.2 原创是核心要素   163
6.2 爆款视频都在用这两个方法   165
    6.2.1 选题规划，深入垂直领域   165
    6.2.2 数据监测，让数据说话   170
6.3 视频号上热门的4个思路与技巧   173
    6.3.1 做一个正确的"标题党"   173
    6.3.2 贴近热门内容   175
    6.3.3 出镜主播：强化自己的特点   176
    6.3.4 积极邀请好友点赞   177
6.4 如何通过转发上热门   179
    6.4.1 制造悬念   179
    6.4.2 突出权威性   180
    6.4.3 突出价值   182
    6.4.4 结合热点   184
    6.4.5 独到见解   185
    6.4.6 引发共鸣   187

第七章 面对面，促成交：视频号直播技巧　　189

7.1 视频号直播间开通与设置技巧　　190
7.1.1 视频号直播间的开通方式　　190
7.1.2 视频号直播的设置技巧　　191

7.2 视频号直播内容策划与技巧　　193
7.2.1 确认直播主题　　193
7.2.2 确定直播目标用户　　195
7.2.3 确认直播脚本　　196

7.3 视频号直播频率、直播时长规划技巧　　198
7.3.1 确定视频号直播频率　　198
7.3.2 固定每次直播的时间　　199
7.3.3 直播时长的精准规划　　199

7.4 视频号直播冷启动的4个策略　　205
7.4.1 利用热点做直播　　205
7.4.2 不刻意"网红"　　205
7.4.3 展现自己的专业　　207
7.4.4 信任感：走出冷启动阶段的关键　　207

7.5 视频号直播间布置与引流话术　　209
7.5.1 直播间的布置　　209
7.5.2 视频号直播间的基本硬件准备　　210
7.5.3 引流话术的准备　　212

7.6 视频号直播如何将公域流量化为私域流量　　214
7.6.1 为什么要转换为私域流量　　214
7.6.2 将公域流量转化为私域流量的技巧　　215

7.7 视频号直播互动技巧与方法　　217
7.7.1 满足粉丝的虚荣心　　217
7.7.2 引导粉丝点赞　　217
7.7.3 说好"敬语"　　218
7.7.4 引导粉丝参与互动　　218
7.7.5 学会自嗨　　220
7.7.6 巧妙化解敏感问题　　220

第八章 会选品，能成交：视频号变现策略与技巧 223

8.1 视频号变现之广告变现 224
8.2 视频号变现之电商变现 227
8.3 视频号变现之知识变现 231
8.4 视频号变现之社群变现 233
8.5 视频号变现之引流变现 237
8.6 视频号个人品牌打造策略与方法 240

第九章 留用户，做私域：如何使用流量漏斗打造流量池 245

9.1 为什么视频号天然适合做私域 246
9.2 私域运营的5个阶段 250
9.3 如何在私域里多次成交 253
9.4 视频号是一份事业 256

第一章

视频号，
个人IP的放大器

1.1 视频号的红利为什么不能错过

视频号不仅是个人作品的展示平台，更是个人魅力的展现舞台。通过视频号，创作者们可以发布自己的原创内容，分享专业知识、独特见解和人生经验，以此吸引和留住观众。视频号允许创作者们以视频的形式，更直观、更生动地展示自己的才华和个性，让观众们更深入地了解和认识他们。

视频号具备强大的互动功能，为创作者与观众之间搭建了沟通的桥梁。观众们可以在视频下方留言、点赞和分享，表达自己的看法和感受。而创作者们则可以及时回应观众的评论和提问，与观众进行互动交流。这种互动不仅增强了创作者与观众之间的情感纽带，也为个人 IP 的打造提供了宝贵的反馈和建议。

此外，视频号还拥有精准的推荐算法，能够根据观众的兴趣和行为习惯，为他们推荐更多符合其喜好的内容。这意味着，只要创作者们能够创作出高质量、有价值的内容，就有机会被更多潜在观众所发现和关注。这种推荐机制为个人 IP 的放大提供了广阔的空间和可能性。

背靠微信的视频号，已经与微信生态里的几乎所有流量场景相互打通，视频号为我们带来了新的机会——在公域流量与私域流量间建立起完整的闭环，在微信生态中打造个人品牌力的展现窗口。

1.1.1 视频号的母体是微信

如果要最简要地说明视频号的优势，那么我们只需说出两个字——微信。

在当今中国，几乎每个人的生活都离不开微信，微信已经成为每部手机的装机必备，更是人们社交互动的重要平台。根据腾讯2023年第一季度财报显示，微信及WeChat合并后月活跃账户数达到13.43亿，再次验证了其作为全球最大社交媒体平台之一的稳固地位。自2011年微信诞生以来，它已经从最初的社交聊天软件逐渐发展成为一个功能丰富的综合性应用程序，包括公众号、小程序、直播等多种功能，同时微信支付也成为日常生活中重要的支付工具之一。

正是因为这样庞大的用户规模，微信已经成为品牌营销的重要阵地。微信公众号、微信订阅号、微信小程序等功能，让品牌能够借助微信为用户提供全方位的服务；微信社群、朋友圈等营销方式，则进一步拉近了品牌和用户的距离，甚至能够让个人通过微信实现从认识到成交的全过程。

视频号，当下已经成为微信中最重要的功能之一。

1.1.2 视频号是公域流量和私域流量的桥梁

近年来，每位营销从业者都想尽办法要在公域领域挖掘出私域流量。公域流量虽然能够触及所有平台用户，宛如一片星辰大海，但它却永远是一片公共资源,我们很难实现对用户的独占;而私域流量则是我们的私有资源,是我们与用户一对一交流互动的重要渠道,也是流量变现的高效方式。

因此,无论是传统的微博大V,还是抖音、快手大咖,往往都会将社群建立到微信当中,成为用户的微信好友、进驻用户的朋友圈,并建立粉丝专属的微信群,从而在私域流量中挖掘出更大价值。

兼具社交属性和算法推荐机制的视频号,则实现了对微信强关系社交的突破,在这个私域领域中建立起公共关系链,使每位从业者都能通过视频号获得更多的流量曝光,并直接在微信平台里打造一个流量闭环,如图1-1所示,这样能实现品牌曝光、变现带货等各种营销目的。

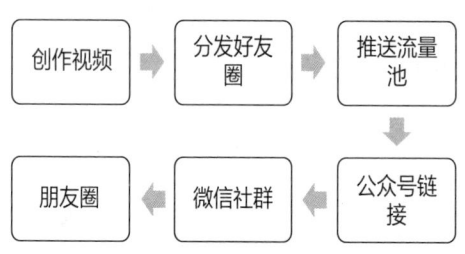

图 1-1 视频号公域流量——私域流量闭环

如图1-1所示,就是视频号链接公域流量和私域流量的普遍方式。但在实践当中,视频号的玩法不止于此,当视频号打通公众号、小程序、朋友圈等各类微信圈层,并推出直播、小商店、话题等多种功能,再加上看一看、微信搜索等流量传播方式以及微信支付这一支付工具,视频号的应用场景已经变得极其丰富。

1.1.3 视频号是展现个人品牌力的最好窗口

作为短视频时长龙头，抖音在2023年的日活达到7.43亿，背靠微信的视频号2023年的日活跃量约为4.9亿人次，腾讯的财报也显示，2023年视频号的总用户使用时长翻倍，这得益于推荐算法的优化以及日活跃账户数和人均使用时长的增长。视频号在微信生态内作为原子化内容组件，其商业化价值日益凸显，正在为腾讯的广告、企业服务以及支付等业务贡献优质收入。

在过去，如果我们的微信好友有1000人，我们在朋友圈发布的内容，即使这1000人都没有屏蔽我们的朋友圈，我们也只能触及这1000人。但借助视频号，我们则可以让朋友圈之外的人看到我们的品牌，甚至触及微信的13亿用户。

具体而言，相比于其他社交或短视频平台，视频号的突出优势就在于3个层面。

1.免费的流量

如今，公域流量的推广费用不断高涨，我们的利润率因此被不断摊薄，而视频号为我们带来的私域流量，其成本却几乎免费。尤其是视频号的推广机制，能让我们更容易地实现"病毒"式传播。

只要有好友点赞，这则短视频就会出现在我们的视频号中。这就意味着，假如我们拥有1000个微信好友，我们的短视频有100人点赞，而这100人即使只有100个微信好友，我们的短视频也能通过这100个点赞用户轻松触及10000个用户。

私域流量的一个典型特征就是极高的长尾价值，当我们能够链接更多用户并赢得他们的认可，我们的推广成本就能被极限摊薄、趋近于零。

2.丰富的玩法

我们能够通过微信与用户建立更加亲密的链接，并依靠公众号、小程序等功能拓展营销玩法，无论是二次营销或多元营销，都能通过丰富的玩法黏住用户。在与用户的频繁互动中，我们也能以集起来更加精准、高效的数据，从而针对用户进行精准画像，为其提供个性化的服务体验。

3.稳定的用户

通过视频号的运营，我们能够有效防止用户流失，尤其是熟客，当我们与其建立起情感互动，只要合理设计营销信息，就不会引起用户的反感，从而获得稳定的用户。

而在抖音、快手则不同，任何一位大咖的视频内容如果有明显的广告痕迹，用户就会条件反射式地"上滑"；如果这位大咖频繁推送这种营销内容，用户也会毫不留情地取消关注。

基于这群稳定的用户，我们就能借助各种社群营销方式提升用户忠诚度，在提升品牌口碑的同时，推动品牌的建立。与此同时，这群忠诚用户，又会进一步推动我们短视频的辐射传播，将我们的品牌带到他们的朋友圈中。

自媒体催生了社交电商、改变了商业格局,甚至主导了电商发展,但自媒体带来的最大改变还是人,人的观点、人的态度、人的行为,甚至是人的语言成了时代导向,而这里所提到的人,就是各领域的头部大V、各行业的KOL,各类型的网红、明星,这些人唯一的共同点便是IP标签十分鲜明。

1.2.1 没有IP的个体无话语权

在自媒体时代,个人IP的价值难以准确衡量与比较。以本人为例,我成功在视频号社群影响领域塑造了个人IP,至今,这一IP持续为我带来益处,且其效益正日益扩大。

那么,究竟何谓个人IP?简而言之,个人IP是指自媒体博主在广大用户心中所树立的身份、形象、价值认知与评价。这些因素不仅直接关系运营者自身的价值定位,还深刻影响其未来的发展空间。因此,对于自媒体博主而言,打造个人IP无疑是一条必由之路。同时,个人IP的塑造还能为自媒体博主带来诸多益处。

1.商业价值倍增

在自媒体平台,缺乏个人IP的塑造,无疑难以创造巨大的价值。此前,在视频号平台,我们的知名度与认可度均处于较低水平。然而，自我们明确并迅速打造个人标签以来，用户对我们的青睐度、粉丝的忠诚度以及行业中的话语权均得到了显著提升。我们所提出的营销观点也逐渐被行业所接受，并渐成趋势，从而推动了我们自身商业价值的不断攀升。

2. 传播成本降低

在成功塑造个人IP之后，个人至用户之间的信息传播路径得到了显著缩短，从而大幅降低了传播成本。与此同时，该IP的粉丝群体展现出极高的忠诚度，并持续进行裂变式扩展，每场直播活动均能吸引更多朋友积极参与，进一步扩大了其影响力。

3. 信用指数升高

这个时代什么最贵？当然是信用。个人IP就是强大的信任背书，不管是企业，还是个人，别人从视频号链接到你，他就已经了解了足够多的你的信息，对你的信任自然会很高。

4. 溢价幅度提高

我们观察到一种现象，众多自媒体博主在成为行业意见领袖（KOL）之前，倾向于通过主打低价产品并频繁为粉丝提供福利来吸引和积累粉丝。然而，随着粉丝数量增长到一定程度，这些KOL会调整其带货策略。尽管每场直播中依然保留部分福利商品，但会逐渐引入一些高价品牌商品。值得注意的是，有时这些KOL直播间内的品牌商品定价甚至略高于其他零售平台，但他们会运用诸如"专柜商品""直播间专供"等营销策略为这些商品进行宣传，从而使得商品销量达到可观的水平。

实际上，这些商品的价格提升主要归因于KOL个人IP的溢价效应。

在粉丝基数庞大且粉丝信任度高的基础上，相同的产品和服务能够以更高的价格在视频平台推广，这正是打造个人IP的核心价值所在。

5. 获得更多机遇

接触高端群体的同时可以获得更多发展机遇，因为这些群体中都是与自身实力相当、资源丰厚的朋友，在资源共享共创获得共赢的道路上，可以遇到更多合适的合作伙伴，自身发展、收益都会不断提升。

6. 增加无形资产

自媒体博主的个人IP可以视为价值被内容化的无形资产，其输出的自媒体作品便存在商业价值，其IP身份越高，作品价值越大。有人戏言，运营好视频号，就可以养老了。所以不断提升个人IP的高度等于增加自身的无形资产。

1.2.2 视频号打造个人IP的优势

运营视频号当然也需要打造个人IP，且视频号的个人IP价值更高，原因同样是视频号背靠微信生态，个人IP的传播速度、力度更高。

视频号打造个人IP之后，将在以下几个方面表现出独有的优势。

1. 明确的形象标识

鉴于视频号个人IP的传播速度快，运营者若有鲜明的IP，将能在视频号中实现更高效的传播，进而取得更为显著的传播效果。2024年，我们看到各个领域都涌现出了视频号头部博主，并取得了不俗的成绩。

2. 增强作品价值

个人IP的塑造能够有效提升视频号作品的价值，且IP形象越鲜明，作品价值的提升幅度越大。

如某个专门分享热门歌曲的视频号，其通过一条点赞超过十万的短视频成功带货数万件车载音乐优盘。这款优盘有32G的存储空间，内含上千首热门歌曲，定价为98元。然而，市场上同类32G优盘的售价仅为30元左右，这意味着用户为其中的歌曲支付了额外的68元。这一价值的提升，正是得益于这类账号在音乐领域的鲜明IP形象，用户对其挑选的歌曲及其价值给予了高度认可。

因此，个人IP的塑造对提升视频号作品的价值具有显著作用。

3.提升带货能力

从很多知名的视频号博主的案例中，我们还可以观察到鲜明的个人IP在提升带货能力方面的积极作用。由于用户对领域内具有明确标签的运营者持有更高的信任度，认为其推荐的产品具有较高的性价比，因此购买欲望自然也会随之提升。

4.优化广告宣传效果

视频号已成为众多品牌必选的广告投放平台，而广告方在选择合作对象时，往往更倾向于那些拥有鲜明个人IP的账号运营者。通过利用个人IP的影响力，广告的传播效果将更加直接且有效，广告的认可度也将得到显著提升。

然而，值得注意的是，为了充分发挥个人IP在广告宣传中的优势，运营者需要掌握一定的宣传技巧，避免采用过于生硬或直接的广告形式，以确保广告内容的自然流畅和用户的良好接受度。

 企业为什么必须做视频号

企业之所以必须做视频号，不仅是因为当前社交媒体和视频平台的日益普及，更是因为视频号作为一种新型的营销工具，能够为企业带来诸多优势。作为当前社交媒体营销的重要工具，企业必须抓住机遇，积极利用视频号进行品牌推广、用户互动和私域流量构建，以在激烈的市场竞争中脱颖而出。

1.3.1 视频号带给企业的四大红利

对于企业来说，视频号的红利是显而易见的。

1.平台红利

众所周知，微信视频号作为腾讯于2020年1月启动内测的短视频平台，相较于抖音、快手等平台，独特之处在于其深厚的社交场景属性。该平台基于微信的广泛使用，为用户提供了与好友进行点赞、评论、互动、分享等一系列社交功能，从而形成了用户口中的私域效应。正是这一独特的社交属性，使得微信视频号在短短几年内实现了日活用户超过6亿的显著增长。

2.流量红利

目前，视频号的日活跃用户数已超过6亿，显示出其强大的用户基

础和市场潜力。无论是短视频还是直播形式，视频号带货均处于行业风口红利之上，展现出其独特的魅力和优势，堪称业界的佼佼者。

小个体户将成为视频号发展的重要支撑力量。同时，视频号也将为个体玩家带来诸多利好政策和消息，助力其实现更好地发展和成长。

3.生态红利

视频号作为微信生态闭环的重要组成部分，其审核机制相较于抖音、快手、小红书等平台更为严格。这一举措有效阻止了那些在其他平台上惯用野蛮暴力手段进行内容创作的团队，从而确保了平台内竞争的相对公平性。换言之，相较于抖音、快手、小红书等平台，视频号在内容创作领域的竞争压力相对较小。

4.人群红利

目前，视频号的主要消费群体以45岁以上的中老年女性为主，占据了超过60%的比例。特别值得关注的是，在下沉市场中，众多用户并未深度参与抖音、快手等平台的互动。因此，当视频号通过内容种草和微剧情等形式的视频及直播带货呈现在她们面前时，她们会感受到其新颖、独特和吸引力，如同年轻群体热衷于刷抖音和在直播间进行购物一样，她们也极易沉浸在视频号的世界中难以自拔。

有这些红利的吸引，企业还有什么可犹豫的呢？

1.3.2 视频号带给企业的六大价值

做视频号，能给企业带来诸多的好处，我们可以从以下6个方面进行分析。

1.品牌传播与形象塑造

在数字化时代,品牌形象不再局限于传统的广告和公关活动,而是通过多媒体内容进行更生动的传播。视频号作为一个新兴的平台,可以让企业以更加生动、直观的方式展示品牌故事、产品特点和企业文化。通过精心制作的视频内容,企业可以更好地塑造品牌形象,提升品牌认知度。

2.用户互动与社区建设

视频号具有很强的社交属性,企业可以通过视频号与用户进行互动,回应用户的评论和问题,从而建立更加紧密的消费者关系。此外,视频号还可以成为企业的"粉丝社区",通过定期的视频更新和活动,增强用户的归属感和忠诚度。

3.内容营销的创新手段

随着消费者对内容的需求日益多样化和个性化,传统的文字和图片内容已经无法满足用户的需求。视频号提供了一种全新的内容营销方式,企业可以通过短视频、直播等形式,以更加生动和有趣的方式展示产品和服务,吸引用户的注意力。

4.销售渠道的拓宽

视频号不只是品牌宣传的工具,也可以成为企业的销售渠道。通过视频号直播,企业可以实现即时互动的购物体验,用户可以直接在视频号中完成购买,这对提高转化率具有重要意义。

5.数据分析与市场洞察

视频号平台提供了丰富的数据分析工具,企业可以通过分析视频的播放量、点赞数、分享次数等数据,了解用户的喜好和行为习惯,从而做出更加精准的市场决策。

6.技术进步与趋势顺应

随着5G时代的到来，视频内容的生产和消费将变得更加便捷。企业通过布局视频号，不仅可以抢占市场先机，还可以展示企业的创新能力和前瞻性。

企业做视频号是品牌传播、用户互动、内容营销、销售渠道、数据分析和趋势顺应的综合需要。通过视频号，企业可以更好地适应数字化营销的大趋势，实现品牌的快速传播和商业价值的最大化。

第二章

认得清,才能做得好:全面认识视频号

2.1 视频号的注册与认证你不能不会

视频号的开通和认证操作并不复杂，但我们仍然要明确相关步骤和要求，确保整个过程的顺利推进，避免在第一步上就陷入困境。

2.1.1 开通视频号

开通视频号是成为视频号玩家的第一步，其实也是最简单的一步。

1.视频号开通步骤

正如微信一直秉持的简洁主义一样，视频号的开通只需两个步骤即可完成。

（1）打开微信的"发现"页面，在"朋友圈"正下方找到"视频号"并点击进入视频号，再点击右上角图标进入个人页面，如图2-1所示。当然，在微信的"我"这个页面，也有视频号的入口，点击后会直接进入个人主页，如图2-2所示。

第二章 认得清，才能做得好：全面认识视频号

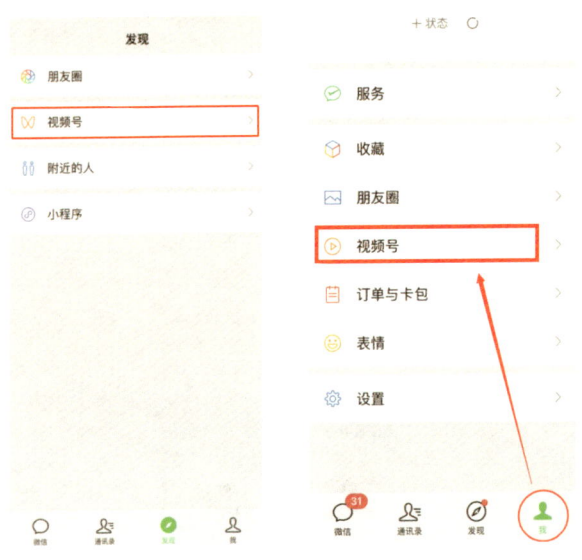

图 2-1 进入视频号页面　　图 2-2 直接进入视频号个人主页

（2）点击"发表新动态"，即可进入视频号的创建页面。在"创建视频号"页面填入名字、简介、性别、地区等基本信息，并上传头像之后，我们即可勾选"我已阅读并同意"，进而点击"创建"来创建视频号。

经过这样简单的两个步骤，我们就能完成视频号的创建，再次进入视频号个人主页，即可发表新视频、发起直播，并查看视频号消息和私信，如图2-3所示。

图 2-3 视频号个人页面

2.开通视频号的"名字"问题

在简单的视频号开通过程中,我们可能遇到无法开通的情况,主要出现在"名字"的问题上。即使我们设计的名字符合视频号的相关要求,但我们仍可能遇到"名字不可用"或"名字已被使用"。

(1)"名字不可用"。"名字不可用"的主要原因,是视频号对该名字进行了保护,尤其是在使用机构名称或个人名字作为名字时,为了避免政府、媒体、企业或公众人物、网络红人的名字被冒用,此类情况比较常见。遇到这种情况,我们可以更换其他名字,或通过以下流程申请使用。

①机构名字。当你确定你的企业或机构拥有该机构名称的使用

权,且已经完成公众号认证时,你就可以提交归属证明材料,进入机构名称的认证环节,并由公众号管理员确认认证,待审核通过后,你就可以使用该名字。

②个人名称。个人名字的认证可直接提交归属证明材料,进入个人名字的认证环节,等待平台审核通过即可使用。

(2)"名字已被使用"。由于视频号名字具有唯一性,如果该名字已有视频号使用,就无法重复注册,此时,我们只能更换其他名字。

但值得一提的是,如果你发现其他先注册的账号仿冒了你的身份,你则可以对该账号发起投诉,等平台进行审核,如投诉审核通过之后,仿冒者的名字将被清除,你就可以使用该名字。具体流程如下:

①投诉入口。点击进入准备投诉的视频号的主页,点击右上角"…",点击"投诉",选择"仿冒我的身份",即可填写投诉信息并上传资料,如图2-4所示。

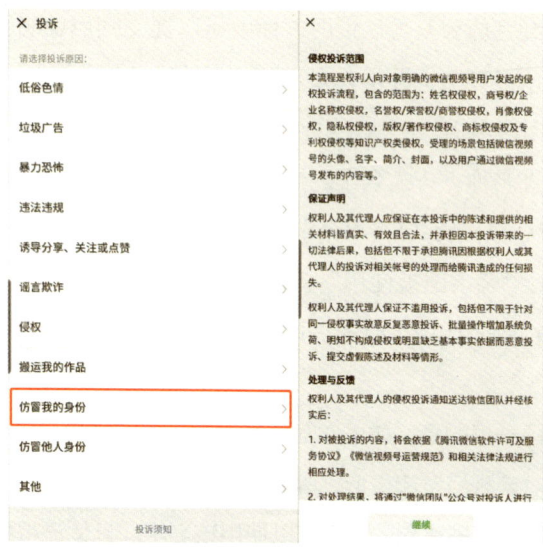

图 2-4 "仿冒我的身份"投诉入口

②准备材料。为了确保审核通过,你可以提供关于名字使用权的证明,比如商标注册证、营业执照,或其他平台(抖音、微博等)同名账号的后台截图,截图须体现号主登录状态的视角、粉丝数、实名信息等内容。

2.1.2 视频号认证

每一位高端视频号玩家,都会选择进行视频号认证。但要完成视频号认证,我们只有满足相应的要求,才能通过平台的认证审核。

1.视频号认证的权益

视频号认证不仅是为了确保账号信息的真实、安全,在完成认证后,视频号平台也会赋予该账号相应权益。

(1)认证特有的标识,分别为蓝色、白色、灰色和黄色的认证标识。

①蓝色,代表账号为已认证的企业或机构账号,如图2-5所示。

图 2-5 视频号蓝色认证标识

②白色,代表账号为已完成认证的个人账号,且有效粉丝数超过1000人。

③灰色,代表账号为已完成认证的个人账号,且有效粉丝数超过5000人。

④黄色,代表账号为已完成认证的个人账号,且有效关注数超过10000人。

其中,"有效粉丝数"是指剔除了非正常使用用户后的粉丝数,即排除了外挂、刷量等违规操作。

(2)搜索结果排序靠前。

（3）发布内容获得优先推荐机会。

（4）可设置20位运营者。在视频号助手中，视频号管理员可以设置20位运营者，运营者可以进行除账号设置外的所有操作，如登录、发表、互动、直播管理等。

2.视频号认证的方法

每个视频号每年仅可申请认证2次，且每年1月1日统一恢复可使用次数。

视频号申请认证，只需进入个人主页，在"创作者中心"里，视频号名称下有个选项是"申请认证"，点击进去选择需要申请认证的类型，即可进入认证环节，如图2-6所示。

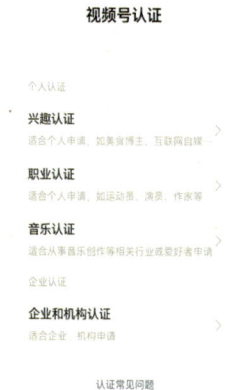

图 2-6 视频号认证

其中，个人账号可以申请兴趣认证、职业认证和音乐认证，企业账号则可以申请企业和机构认证，创作者可以根据账号主体的身份选择合适的认证类型。

（1）兴趣认证，适合线上博主、自媒体等玩家的认证，如美食博主、互联网自媒体等。申请兴趣认证的账号必须满足以下要求。

①近30天发表过1条成功声明的原创内容。

②视频号有效关注人数500人以上。

③已填写视频号简介。

④身份验证。

如视频号满足以上要求，可以在申请认证时提供相应的截图材料，提供公众号或其他平台的粉丝数截图及实名信息截图同样可以证明账号影响力，提高认证成功率。

（2）职业认证，适合线下职业身份的认证，如运动员、演员、作家等。

申请职业认证的账号必须满足以下要求。

①近30天发表过1个内容。

②已填写视频号简介。

③身份验证。

如视频号满足以上要求，可以在申请认证时提供在职证明、职称证明、作品荣誉证明等材料证明账号影响力，提高认证成功率。

（3）音乐认证，比较专业，其分为音乐人和音乐达人。音乐人适合有原创能力的用户申请，如已入驻在线音乐平台。音乐达人适合在视频号发表音乐的用户申请。

（4）企业和机构认证，适合非个人主体申请，如企业、品牌机构、媒体、社会团体等。认证时可以选择公众号辅助认证，也可以选择填写资料认证。最好使用公众号管理员对应的微信账号进行申请，如图2-7所示，从而提高成功率；如微信账号非公众号管理员，则可以由公众号管理员账号扫描二维码完成认证。

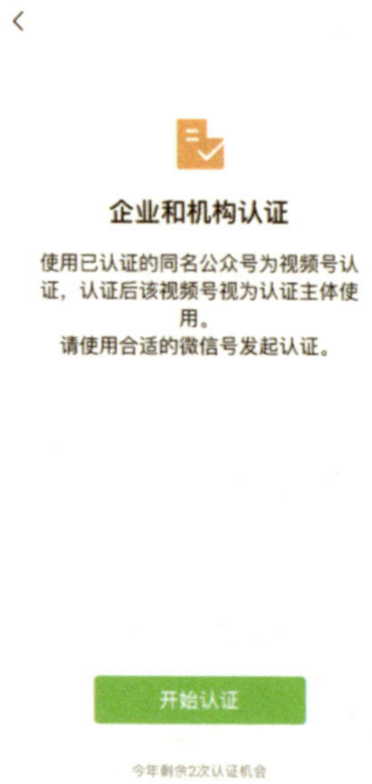

企业和机构认证

使用已认证的同名公众号为视频号认证，认证后该视频号视为认证主体使用。
请使用合适的微信号发起认证。

今年剩余2次认证机会

图 2-7　企业和机构认证

2.2 视频号的视觉形象装修

如果将发布视频看作视频号开门迎客,那么在正式营业之前,我们就必须做好"店面装修",而视频号页面正是我们需要精心装修的店面,只有一个具有高识别度的视频号页面,才能吸引用户直接快速点击"关注"。

如图2-8所示,视频号页面十分简洁,留给我们的操作空间其实很小,但我们同样可以"螺蛳壳里做道场",用头像吸引用户,用简介留住用户。

图 2-8 视频号主页

2.2.1 账号头像包装

视频号页面的装修，就在于账号头像的包装。借助个性化的头像设置，给用户留下直观的第一印象。

在当今的社交环境中，头像已经成为我们辨识账号的一个主要标准。很多人有这样的体验——"换了头像就不认识人了"，因此，视频号的形象包装离不开头像的选取。

根据不同的需求，我们可以选取不同的头像，但都必须符合两个基本原则，即符合身份特征和图像清晰美观。

具体而言，视频号的头像可以分为4种。

（1）真人头像。真人头像可以直观地向用户传递你的人物形象，进而拉近用户心理距离。一般而言，真人头像更能够吸引用户点击进入主页，尤其是美观或"逗比"的头像。

（2）领域相关头像。如果视频号专注于某个垂直领域，那我们就可以用相关领域的图片作为头像。专业领域可以使用图文LOGO作为头像，如"秋叶PPT""快剪辑"；系列创作则可以使用主要人物形象作为头像，如"一禅小和尚"。

（3）账号名头像。使用账号名作为头像则是更加直白的一种头像设置方式，但纯色的背景与白色的文字相结合，同样可以起到强化账号IP形象的作用。

（4）卡通头像。卡通头像一般适合搞怪、俏皮的视频号风格，但如果使用卡通头像，我们最好采用原创卡通形象，使其更加符合视频号特征，同时也避免缺乏辨识性。

2.2.2 简介的设计

视频号的简介，可以理解为个性签名或标签，在这里，我们需要通过简短的语句介绍视频号的主要定位，或能为用户提供什么价值、满足对方什么需求，如果用户对此感兴趣，就会点击关注。

（1）表明身份。表明身份是简介设计的基础方法，一般采用"形容词+名词"的句式，来回答"我是谁"的问题。

比如，"papi酱"的"一个集美貌与才华于一身的女子"，我的"壹本教育创始人"。

（2）表明领域。表明领域的简介设计则适合技巧类的视频号，主要用来回答"我能做什么"的问题。

比如，"秋叶Excel"的"原来Excel还可以这么玩"，我的"人性营销第一人"。

（3）表明理念和态度。这类设计方式则更加适合IP类账号，通过金句或感悟来凸显账号人设，即回答"我怎么想"的问题。

比如，"一条"的"所有未在美中度过的生活，都是被浪费了"，"一只陀陀"的"我想当个努力的女孩"。

（4）留下联系方式。这种方式则适合跨平台引流或洽谈商务合作，用来回答"怎么联系我"的问题。

比如，教学账号可以使用"交流学习+V……"，商务合作可以使用"合作咨询1688×××"。

"我长相一般，有机会成为视频号大咖吗？"这是很多新手视频号容易产生的疑问。我的答案是：无"颜值"，成不了视频号大咖。

那么，低颜值就只能放弃或者去做医美了吗？别急，我的答案里的"颜值"之所以加上双引号，就是因为这里的颜值并非指长相，而是由摄像头、直播间等各种要素共同构成的超强表现力。

事实上，随着短视频市场发展日益成熟，在实现短视频成功的各项要素中，颜值的占比已经很低。时至今日，很多高颜值的大咖却可能陷入颜值误区，误以为："我颜值高就是资本，哪怕我什么都不做，用户也该追着我跑。"但现实却是，只有颜值的短视频，不仅没有用户追着跑，甚至没有多少用户愿意给予支持。

在走上视频号之路时，我们必须明白一个道理：美丽的人儿千千万，要入局视频号，"颜值"很重要，但如果将"颜值"理解为长相却过于肤浅。只有通过精致的形象包装，让账号、外形及内在形象相统一，并符合视频号的气质，我们才能为用户展现深刻的视觉印象。

2.2.3 主播形象包装

主播出镜是短视频创作的常态，而在视频号直播中，主播的形象更会直接影响视频号的形象。因此，在出镜过程中，主播必须注重自身形象的包装。

1. 尊重用户审美

视频号主播并不一定需要高颜值，但这并不意味着我们可以蓬头垢面地与用户见面。那是对用户的不尊重，也是对自己的不尊重。我们必须尽量注重自己的外在形象，以表达对用户的尊重。

（1）选择摄像头。一个好的摄像头，能够更好地展现视频号的颜值，让视频质量更高清且稳定，尤其是在5G普及与手机画质提升的当下更是如此。我们应当在可以负担的范围内，选择尽可能好的摄像头。

（2）学习化妆。化妆能够有效改善视频号颜值，无论是男主播还是女主播，都应该学习化妆，以提高自身颜值及精神面貌。

值得一提的是，当主播因为熬夜双眼红肿、眼袋鼓起时，很容易显得无精打采，此时，主播可以用冷毛巾和热毛巾交替敷在眼睛上10分钟，就可以让双眼恢复精神。同时主播也可以尝试用白色眼线笔描画眼线，使眼睛显得更大、更有神采。

（3）学会穿着。化妆可以改善面容，穿着打扮则可以展现气质，并可以遮掩身材缺陷。主播无须穿得多么高档奢华，但其穿着一样要符合视频号的气质。

2.形象固定化

主播形象往往是视频号吸引用户的第一道门槛。视频号主播的形象，不仅是指主播的外貌，还包括主播的说话、表情、眼神、才艺，乃至直播间的布置、背景歌曲等各类要素。观众打开短视频或进入直播间看到的所有要素，共同构成了视频号的形象特征。

因此，视频号需要注重主播形象的固定化，给用户带来前后统一的形象认知。当然，固定形象并不意味着所有要素的一成不变，而是维持一个统一的风格，即所谓的"人设"。

新人视频号尤其要注意的是，即使直播间只有寥寥几位观众，我们也要坚守自己的形象特征，切忌因一时懈怠，导致人设崩塌。

2.2.4 文化形象建设

视频号的形象包装不仅是指头像、主播等外部形象，更是指视频号的文化形象，也就是视频号独特的精神内涵。如今是"看脸"的时代，但非"只看脸"的时代，正如"形象好"的后面往往跟着"气质佳"一样，视频号也需注重文化形象的建设。

1.保持正面情绪

现实本来就已经很苦，用户又怎么会爱在闲暇时看愁眉苦脸的视频号呢？用户关注视频号的一个核心诉求就是放松心情，因此，主播要保持正面情绪，让用户可以卸下心灵的负担，并为用户带来正向的情绪引导。

无论如何，即使短视频业绩不佳，甚至直播间里只有一个观众，主播也应保持正面情绪，做一个称职的表演者。

当然，主播也可以有自己的负面情绪，但要切记：偶尔一次哭泣、发火，可能会为你带来同情和围观，但只有负面情绪的视频号是不可能长久的。

2.有素质、有涵养

在社交平台上，匿名的用户往往更容易发泄负面情绪，平白无故就进行人身攻击的"键盘侠"无处不在，但无论遇到怎样的情形，主播都切忌骂人，更不要脏话连篇。

如果遇到实在承受不了的情况，哭泣是比发火更好的选择。因为发火不仅无法证明你的强大，反而会引起无谓的围观，甚至会被看作"泼妇""泼皮"，此时，原本的粉丝也可能离你而去。

3.维护亲和力

相比所谓的"颜值即是正义"，亲和力才是更胜一筹的黏合剂。

冰山美人只会让人敬而远之，但邻家小妹却会让人更想亲近。只有当用户愿意与视频号互动时，视频号才会有机会将更多内容传递给用户。因此，无论是短视频内容，还是视频号主播，都要时刻谨记亲和力的重要性，并借助视频中的一举一动展现自己的亲和力。

即使有人发出污言秽语，如长得丑、唱歌难听、内容无脑等，视频号也应当做出妥善应对，而不是直接回击或置之不理。前者会损害视频号的形象，后者则让视频号失去了表现的机会。

其实，这些时刻也是视频号突出自身特质的机会，如幽默回应、卖萌装傻、委屈可怜，这些回应往往都能让视频号的形象更加丰富立体，从而赢得用户的认可。

2.3 视频号中如何打造你的符号性人设

"人设不对，努力白费。"无论是视频号名称、形象，还是更深层次的定位，我们将之展现在用户面前就是为了通过诸多细节的配合，打造出你的符号性人设，即个人标签或IP。

抖音、快手等短视频平台的不断发展，早已揭示了短视频领域的一个核心原则：人设比长相更加重要。人设是视频号的灵魂，是我们刻印在用户脑海中的形象，正是借助这个形象，我们才能突出个人特色，并黏住用户的注意力。

纵观每一位网红、大咖，他们都具有非常明显的个人特色。有时，当这些网红改变创作内容时，我们能够明显感觉"他变了"，甚至因此而取消关注——这就是人设的作用。

需要注意的是，我们之所以将这样的形象称为"人设"，而非简单的"人"，正是因为人设其实是针对用户喜好、经过严谨设计的人物形象，并需要通过各种细节来构建和强调，从而在内容的持续输出中，让自己的人设能够立起来。

2.3.1 设计你的本色符号

要打造人设，我们就要先设计出自己的本色符号，它是视频号人设的核心属性，也是我们要刻在用户心中的关键标签，也是我们着手打造符号性人设的逻辑原点。

"成佳，江湖人称佳爷，八大系统培训发起人……"这是笔者成佳的个性签名，也表明了我要打造的核心符号——培训。正是从此出发，我的视频都是与培训相关的内容。

打造人设离不开各种细节包装，但要真正在用户心中留下符号性的印象，我们却要从自己的本色符号着手。

试问，如果成佳所有出镜都是玩乐、宠物，每个视频创作都是他人操刀，那当曝光出来，我还能成为"佳爷"吗？

设计人设也要从人生本色着手。短视频圈的很多负面消息，其实都是因为有些主播太专注于"套路"，却丢掉了本色。但我们去看那些网红大咖的短视频，却很少看到所谓的套路。因为，真正的人设，就应当从本色开始，与用户互动交流、尊重、包容用户，让短视频成为主播与粉丝共同的娱乐，而非一场尔虞我诈的对抗。

短视频如同一场极短的戏剧，但在这个舞台上，我们却更加强调本色出演。毕竟我们几乎每天都要发布一个甚至多个短视频，如果我们全靠套路，那必然有暴露的一天。

"没有任何道路通往真诚，因为真诚本就是通往一切的道路。"很多视频号新手刚刚积累下一点成绩，就迫不及待地学习各种套路，想要依靠流行的人设快速吸引流量、进而变现，但这种追风的做法，往往不仅无法让视频号脱颖而出，反而会引起用户的反感，被贴上"拙劣的模仿者"的标签。

每位视频号玩家都有自己的个性，这种个性才是我们吸引用户的重要特质。但在视频号运营初期，如果用户不了解视频号的个性，却可能按照"行业惯例"提出各种要求，此时，很多视频号就会陷入困惑：是跟风改变风格，还是坚持个性？

其实，与其为此盲目忧虑、强行改变，我们不妨直接向用户坦诚自己的个性，让用户了解自己的风格，成为视频号里特别的那一个，而不是随便的某一个。

当然，每个人都不止一面，我们在扮演不同角色时，往往也会表现出不同的个性特征。那么，在运营视频号、扮演主播这个角色时，我们就要从本色出发，设计自己的符号属性。

（1）风格属性。视频号的热门主播都有独特的个性，除非自认个性太差、本色恶劣，视频号其实无须为此头疼。只要符合自己的风格，就可大胆地表现出自己的个性。

（2）切勿跟风。无论选择怎样的个性作为本色符号，我们的选择理由都不应当是"别人（大咖）都这样"，别人的风格不一定适合你，强行改变个性反而会让创作显得别扭。

（3）视频号定位。不同类型的视频号，与个性也有一定的适配性。我们要根据视频号的定位做出适当的调整，避免让用户感到主播与内容不符。

例如，如果我们运营一个育儿视频号，就要尽量表现出自己成熟的一面，即使很多宝妈偶尔也会焦虑、暴躁，我们也要对此进行正向解读：新手妈妈如何排解负面情绪？新手爸爸如何帮助配偶调节心情？

2.3.2 人设在于细节

人设的打造，并非仅靠一句简单的个性签名。真正让我们在用户心中留下深刻印象的，其实是我们在创作和互动中展现出的诸多细节，当我们确定了视频号的本色符号，就要将之融入视频号的各个细节当中，避免出现不协调甚至前后冲突的情况。

在打造视频号人设时，我们首先需要关注视频号运营中的每个细节，尤其是以下6个细节。

1.衣品

所谓"衣品见人品"。在视频号里，主播的穿着打扮就能透露他的个性涵养、生活方式、价值喜好、身份特征……比如医疗主播更多选择一件白大褂，教育培训主播则尽量穿着商务正装，而娱乐类主播则要充分发挥衣品特色。

衣品是视频号展现给用户的第一形象。有些运营者认为穿着打扮是最简单的事情，但这也是很多视频号容易忽视的细节。

夜店风格能够展现视频号身材、美貌，但却并不适合所有秀场视频号；大牌货看起来低调奢华，但搭配不好却可能变成地摊货；有些大叔穿睡衣会有反差萌，有些大叔穿睡衣则让人不适……

当然，在运营视频号初期，主播可能很难确定适合自己形象和特色的衣服，此时，我们不妨先模仿与自己风格相似的大咖，等找到衣品的感觉之后，再慢慢调整，探索出适合自己的衣着风格。必要时，我们也可以邀请专业人士进行指导。

2.说话风格

与用户互动是一门艺术。同样一句话在不同的主播口中能给人完全不同的感觉。比如游戏主播PDD的口头禅"这帮骚猪，净说些骚话""皮皮猪，我们走"，你能想象这样的话从科普主播的口中说出来吗？

每个视频号都有自己的说话风格，如有趣、有逻辑，或语速快、句式长，这些说话风格，都是打造视频号人设的关键细节，我们必须不断打磨，让我们的说话风格与人设相符，进而让我们的思维方式、价值理念与用户契合。

无论如何，当我们确定了自己的说话风格时，就一定要维持住这种风格。"美的千篇一律，不如丑的各有千秋"，更有风格的视频号才更容易被挖掘、被记住。

3.情绪饱满

生活中的我们，情绪有起有伏，但在短视频中或直播期间，我们一定要做到情绪饱满，将合适的情绪注入自己的创作当中，从而让我们的人设变得更加丰满。

以视频号直播为例，一位视频号主播全场搔首弄姿，但完全没有任何互动，好像一个没有情绪的舞蹈机器；另一位视频号主播跳热舞，就和用户比个心、卖个萌、撒个娇。相比而言，后者当然更能引起用户的共鸣。

视频号的用户通常都是为了在观看时释放一种情绪，他们或是无聊，或是开心，或是抑郁……谁能帮用户做好情绪疏导，成为他们情绪释放的出口，谁就能将用户转化为粉丝。

4.记住用户

随着视频号的用户不断增加，视频下的评论或直播间的弹幕往往令人目不暇接，很多运营者既来不及一一浏览评论或弹幕，也无法逐一回复或表达感谢，这时就更不要说记住用户了。

但神奇的是，那些短视频大咖却都有记住用户的本事，甚至能在评论区与用户进行畅聊——就如多年好友一般。在这样的细节体验下，用户的热情也会被引爆。

5.做好调剂

在创作短视频内容之余，视频号也可以根据用户需求，分享一些对受众群体有价值的内容。即使是科普视频号，在费尽心力创作内容的间歇中，我们也可以为用户分享一些有趣的内容，比如实验室里的小故事、购置设备的小体验，以免单纯的科普显得单调或枯燥。

每一个真实的人，都能够将时间分为工作、生活或娱乐等诸多板块；而在视频号中同样如此，如果将创作主题视频内容看作工作的话，我们偶尔也可以分享一些生活或娱乐中的视频创作作为调剂。

6.一以贯之

视频号打造人设的细节有很多，但要注意的是，一旦我们确定了某种人设，就要在视频号中一以贯之，后期的社群运营中也要保持这一人设。随意改变人设，或做出不符人设的动作，都会对视频号运营造成重大损害。

只有在细节的不断完善中，我们才能强化视频号的IP定位，继而形成牢固的用户关系，让我们被用户所熟悉，真正将视频号的人设角色丰满起来。

2.4 视频号必懂的基本操作

视频号必懂的基本操作,除了前面提到的注册和设置外,还有一些重要的功能和技巧值得掌握。

2.4.1 视频号名字是门面,取个好名字很重要

视频号名字就像是品牌的门面,它能让我们的视频号迅速与他人区别开来,这也是在用户心中形成定位的重要依据。尤其是在现行视频号规则下,视频号每年只能修改2次名字,这就使妥善地取名变得更为重要。

1.视频号命名规则

在绞尽脑汁取个好名字之前,我们先要明确视频号的命名规则,以免名字无法确定,更要避免发生名字违规的情况。

(1)基本命名规则。视频号的基本命名规则,主要是指名字的基本格式,需要满足以下要求。

①视频号名称最多只有20个字符,中文字占两个,英文字母以及数字占1个。

②允许使用标点符号,中文标点占两个字符,英文标点占1个字符,不允许使用空格。

必须注意的是,一个微信账号只能注册一个视频号,而视频号的

名称每年仅可以修改2次。

（2）命名违规情况。在符合基本命名规则的前提下，根据《微信视频号运营规范》，我们还需注意避免出现以下违规情况，否则视频号有可能面临账号冻结或封号等处罚。

2.避免坏名字

冯提莫、嗨氏、阿冷、张大仙……这些网红的名字，总是能够轻易印入我们的脑海，让我们能够对其留下深刻印象。这就是一个好名字的作用。

相反地，如"645132186""dfgsdsf"这样的名字，只会让用户留下"数字机器""字母怪物"的印象。名正则言顺，要做好视频号，就要从取个好名字开始。但取名总是一件令人头疼的事情，因此，在搞清楚什么是好名字之前，我们可以先明确什么是坏名字。

（1）符号多且长的名字。有些视频号的名字不仅过长，甚至夹杂着各种字符、符号、表情，如"起点De希望JOVIゝ(◉゜▽゜◉)ﾉ"这样的名字，不仅不好看，而且不会有用户想要记住，甚至会显得俗气，引起用户反感。

（2）大众化的名字。在踏上视频号之路前，很多视频号都会先患上"取名困难症"，于是，很多人会选择百度出来的"视频号名字大全"，然后从中挑选出心仪的名字。这样取出的名字，不可避免地会显得大众化，比如搜索"呆小萌"就有无数个。

（3）生僻拗口的名字。为了避免大众化，让自己的名字从众多视频号中脱颖而出，有些视频号则故意使用生僻字，或是起个拗口的名字，如"By十贰""CX小円"。生僻拗口的名字不仅难念，如果连用户都读错名字，无疑也会影响视频号的流量。

3.怎样取好名字

脱离视频号内容本身，我们无法判定一个名字是不是好名字。我们始终要明白，名字是为视频号内容服务的，再朗朗上口、通俗易懂的名字，如果与视频号内容不符，那这个名字也称不上"好"。

因此，要取好视频号名字，我们就要从以下几个方面入手。

（1）符合视频号风格。视频号的好名字，首先要符合自身风格。不同风格类型的视频号，可以选择不同类型的名字，如展现才艺的"爱跳舞的小骨酱"、表现气质的"呆妹儿小霸王"或传播知识的"视频号实战营"等。用名字表现出气质，用户也能第一时间明白视频号的风格，进而被吸引，甚至直接点击关注。

（2）简单好记且新颖。视频号名字切忌过长或复杂，最好是朗朗上口、好读好记的名字，这样用户也能第一时间记住视频号名字。在简单好记的名字中，视频号还要赋予新意，比如"3年快手5年抖音出战视频号"。

（3）使用专属词。如果视频号的目标领域十分明确，比如手机测评、古典音乐或时政新闻，那么视频号的名字就可以据此使用相应领域的专属词，比如"华为手机测评""贝多芬音乐室""大选实况"等，这样一来，当用户搜索相关内容时，我们的视频号就能更好地触及用户。

（4）沿用惯有名称。由于视频号出现较晚，很多视频号的运营者其实都已经有相关平台的运营经验，甚至在抖音、快手、微博等平台上有一个广为人知的名称，那么，在视频号中，我们也可以沿用这些名称，从而实现跨平台引流。

2.4.2 视频号如何上传和发布作品

完成了视频号的开通和认证，我们就可以着手上传和发布我们的第一条作品。视频号发布作品的流程十分简单，整体操作就如发布一条朋友圈一般，在通过"拍摄"或"从相册选择"确定素材之后，就可以进入素材编辑页面，进行简单编辑后即可确认发布。上传和发布作品的流程虽然简单，但我们要明确视频号关于发表内容的各项规定，以免发布了违规内容，导致账号受损甚或被封号。

2.4.3 视频号作品的格式要求和编辑方法

视频号支持发表图片或视频内容，但对其格式则有相应要求。与此同时，在上传作品之后，我们也可以进行一些简单的编辑来丰富作品、增加曝光。

1.视频号基本格式要求

视频号对作品的基本格式要求很简单，只有两条内容。

（1）图片格式要求：最多可支持发布9张图片，推荐图片宽高比例为6∶7–16∶9。

（2）视频格式要求：视频可支持时长3—60秒，推荐视频宽高比例为6∶7–16∶9。

2.视频号编辑素材

在拍摄或选择视频号作品之后，我们也可以通过视频号内的编辑素材，对作品进行简单编辑。我们可以直接在视频号中选择合适的配乐，并通过下方的功能，对作品进行涂鸦、添加表情包、添加文本等操作。

（1）配乐由视频号平台提供歌曲库。

（2）表情包来源于个人聊天表情包。

（3）文本的文字颜色、大小、位置、背景都可以调整。

3.视频号的发布技巧

如图2-9所示，在发表视频号作品时，我们可以为其添加描述、话题、位置以及扩展链接。其中也蕴藏着视频号作品发布的一些小技巧。

图 2-9 作品发表页面

（1）视频封面可选，可以设置为统一风格。

（2）描述内容的字符上限为1000字，而且文案超过3行会自动折叠。

（3）用"#话题"的方法添加话题，可以让我们的作品获得相应话题的推广加权，比如"#视频号这么玩就对了"。

（4）用"@提到"的方法可以专门提醒目标受众观看作品。

（5）添加位置定位，获得同城推广加权。

（6）添加扩展链接，则可以分享公众号文章等内容。

（7）添加活动，可以自己设置活动。

（8）视频号每天可以发布多条内容。

2.4.4 视频号作品的原创保护

在绞尽脑汁编辑完作品内容并发布之后，每一条作品对视频号玩家而言都很珍贵，但如果这条作品轻易被盗取或"搬运"，甚至出现"抄袭比原创流量更高"的情形，那无疑是对我们创造热情的极大打击。

因此，在视频号上传和发布作品之后，视频号平台也设计了原创内容保护机制对我们的作品进行保护。而对于这个机制，每个视频号玩家都应当了解，确保在发生侵权事件时能够及时维护自身权益。

1.首发内容保护机制

目前，视频号仅针对已认证的账号设计了首发内容保护机制，其在视频号内首发的内容将会得到保护。

具体而言，平台会尽可能识别后续是否有其他用户发表相同内容，如果后发的相同内容被系统识别，就不会被推荐给浏览者观看。

2.搬运内容或侵权处理机制

视频号不允许发表者搬运他人创作的作品，更不允许侵权行为。

如果有人打着"搬运"的旗号抄袭我们的作品，或以其他方式侵犯我们的权利，我们就可以对该内容发起投诉。

（1）投诉流程。搬运内容或侵权的投诉入口与"仿冒我的身份"一致，如图2-10所示。

图 2-10　投诉"搬运我的作品"

根据侵权行为选择相应入口，并提交相关材料后，视频号平台就会对被侵权内容进行审核，我们也会收到"微信团队"发送的含有投诉单号的通知。一经核实，平台就会对侵权内容进行处理。

（2）准备材料。为确保投诉有效，我们最好提供能够提供对相关视频享有著作权的证明材料，如底稿、原件、原始素材、其他平台发表的截图、著作权登记证书、认证机构出具的证明、取得权利的合同等。

2.5 视频号的基因定位

运营视频号，需要运营者提前做好多方向定位，且定位不同于视频号的领域选择，定位是一种结合自身特点、突出账号优势、准确对接领域、优质持续发展的运营思维。视频号只有具备了明确的定位，未来的发展才能够更加轻松顺畅。

2.5.1 视频号名称这样定位

视频号定位的首个要素为视频号名称。视频号名称定位是根据名称核心内容、账号所属领域、价值突出方式进行的综合思考。视频号名称定位最常用的方法为需求定位法，具体定位思路如下表所示。

账号需求	账号名称核心点	案例
专注个人 IP	突出个人名称	李子柒
	突出个人专业性	动态设计 小泽摄影 皮皮教做菜
品牌宣传	突出产品或品牌	小米 海尔集团 樊登读书会 得到 衣邦人等
昵称或真人名	拉近用户距离	老谭、万能的大熊

需求定位法是基于用户需求进行视频号名称关键词选择的方法，运营者需要根据账号类型与用户需求进行结合，之后在名称简单易记、便于传播的原则上进行名称的设定。

1.关键词维度

视频号主流名称的关键词维度为"名字+领域关键词"，比如"元宝说私域"等，这类名称可以最短时间内令用户与账号产生联系，并精准定位粉丝，账号引流效果更为直接。

2.突出品牌内涵

视频号名称可以用于突出品牌，在强调品牌的同时也要突出品牌内涵，让用户第一时间了解到品牌领域与未来发展方向，比如"美林设计"等。

3.简短精炼

视频号名称虽然最长可以填写10个字，但尽量选择简短、精练的词语，这类名称便于用户记忆。

4.强调目标用户

视频号名称最忌虚无缥缈，一些看似青春时尚的名字可以用于实体店，但在视频号中很难让粉丝第一时间了解到所属领域、发展方向。比如，实体咖啡店中常见的半夏浅唱等名字，如果直接用于视频号，单独看名字很难让用户与账号产生直接联系。

5.通俗易懂

虽然视频号名称的选择需要用词美观，但不可过于高端，在大气、时尚的前提下一定要通俗易懂，便于用户理解、记忆。

2.5.2 以用户人群定位视频号

运营者在入驻视频号之前必须清楚自己未来的发展方向，这需要我们从两个方向思考问题：一是视频号主要输出哪些作品；二是作品对应哪些人群。这两个问题就关系到视频号的一种定位策略——用户人群定位。

用户人群定位对视频号的发展有着更深远的影响，准确定位用户人群可以大幅提升视频号的涨粉速度，提高视频号运营效果，发挥视频号更大价值。视频号用户人群定位法主要包含四个关键点。

1.视频号的核心用户

很多运营者认为定位视频号核心用户是一件非常简单的事，自己非常清楚视频号输出作品的对应市场。事实上，怀着这种轻松心理的运营者往往很难获得优质发展，因为清楚核心用户与定位核心用户是两种不同的概念。

视频号运营者可以从成功的平台大V身上分析出很多成功因素，也了解他们是如何抓住核心用户痛点，找到用户核心需求的，但完全复制后却发现在自己账号中并不适用，这主要是因为我们与大V之间的粉丝忠诚度不同，即便相同作品也无法产生相同的效果。

想要获得这种效果，就需要视频号运营者从最初深度了解用户的高度痛点、深度需求在哪里，之后进行作品设计，紧抓用户内心，让用户与我们产生深度连接。

定位核心用户是一个持续发掘用户痛点与需求的过程，而不是简单思考就能够得到的答案。视频号运营者要怀着层层剥笋的心理，将用户需求与痛点不断精准化，之后才能够准确定位。

2.视频号的信息传递

瞄准核心用户后需要运营者输出精准的作品才能够触动用户,让用户与我们产生深度连接。

过程中视频号运营者需要重点思考三个问题。

(1)视频号信息传递给谁。视频号作品不仅要符合账号所属领域,也要有明确的针对人群。运营者需要站在用户的角度思考,打造用户喜欢的作品。

(2)这一人群有哪些特点。视频号的核心人群一定具有共性,这一共性也是用户的主要特点。比如2024年,性价比高的产品很受市场欢迎,就有很多做代购的主播,针对这样的需求,就可以输出针对性作品。

(3)这一人群青睐的作品类型是什么。定位了核心用户、用户需求后,最关键的一步便是用用户喜欢的方式打动对方。这需要运营者对用户群体有深度认知,对其生活习惯、消费习惯有了解,之后再确定作品的设计、输出方式。

3.视频号对标

如果视频号运营者无法及时、准确地定位用户人群,那我们就可以通过视频号对标的方法解决问题。视频号对标的方法主要有两个。

(1)找到视频号所属领域前100强,进行详细数据分析。

(2)找到其他自媒体平台相同领域的头部账号,进行详细数据分析。

4.头部达人是最好的老师

运营者分析视频号头部账号数据后,要进行相应的总结、归纳,梳理头部账号的共性，明确当下同类型账号作品输出的流行方式，在头部大V的指引下加速发展。

2.5.3 以兴趣定位视频号

视频号名称定位是引流、推广的对外要素，视频号对内定位的要素有擅长领域、运营者人设、账号资源。其中，运营者个人兴趣是视频号定位的关键点。"兴趣是最好的老师"，在运营者兴趣范围内定位视频号的领域，可以确保视频号未来发展动力十足，且领域专注度更高。视频号兴趣定位法分为3个关键点。

1.热爱领域

热爱领域是指运营者的兴趣点，比如音乐、旅行、瑜伽等。确定兴趣领域是视频号定位的关键一步，它决定了视频号未来的发展前景与空间。

2.领域专注度

运营者确定了感兴趣的领域还要清楚领域专注度，即自己是热爱这一领域，还是专注这一领域。很多人感兴趣的领域非常多，如果随便选择很容易导致视频号未来发展受限，所以，我们要对自己感兴趣的领域进行梳理、对比，从中找出专注度高、持续性久的兴趣领域。

3.结合自身情况

有了浓厚的兴趣，视频号运营者还需要结合自身情况。比如有些人喜欢电子竞技领域，这一领域用户多且黏性强，但这一领域想要表现出专业性，就需要运营者自身具备一定竞技实力。如果运营者只是自己喜欢，但技术不达标，那么他表达的观点、输出的作品就很难被用户认可。

由此可见，视频号的兴趣定位法并非简单指做自己感兴趣的领域，而是做自己长久热爱，并体现出专业性、高端性的定位方法。

2.5.4 以专业或领域定位视频号

视频号定位也可以结合自身职业与擅长的领域，通过展现个人所长，往往可以输出更优质、更高端的作品，从而获得更多用户的认可、青睐。

通过运营者擅长的专业、领域进行视频号定位需要遵循正确的流程，具体步骤如下。

1.挖掘自身擅长领域

很多人在视频号定位过程中不能结合自身所长，主要是因为自己不清楚自身优势究竟在哪里，这需要视频号运营者对自己进行挖掘。根据自己擅长的领域思考自己的特点，并将自己的作品与同类型作品进行对比，进而清楚自身所处的行业位置，如果领域优势突出，则可以作为视频号的运营领域。

2.学会"断舍离"

对一些擅长领域多，且各方面优势均突出的视频号运营者，自己一定要学会断舍离。都是重点等于没有重点，所以我们要懂得取舍，确定最重要的是哪一件事，且在一个视频号中只专注一件事，将一件擅长的事努力做到极致，这样视频号的优势才能不断放大。

3.领域细分

运营者确定了自身擅长的专业或领域后，可以对擅长的领域进行后续细分，以及我们可以通过哪些方面在这一领域内表现自身优势。比如我的培训领域就很细分——人性营销。通过培训领域的细分，我们团队在多个渠道展现出了自身优势，账号价值也会不断攀升。

4.专注、专心、专业才能成为专家

视频号的领域深耕要怀着"做一厘米宽度，做一公里深度"的心态进行，确定了擅长的专业、领域之后，不断提升领域专注度、专业度，在擅长的领域不断提高自我要求，提高输出作品质量，才能成为这一领域的专家，才能拥有这一领域的话语权。

2.5.5 以现有的资源定位视频号

知己知彼方，能百战不殆。运营视频号不能只考虑平台因素与市场因素，更需要对自身资源有充分的了解。很多人怀着一腔热血入驻视频号平台，但最后却因各种现实的客观因素影响发展，最终草草收场。

运营视频号需要对自身资源进行清楚定位，其中主要包括三个关键点。

1.个人运营还是团队运营

视频号的个人运营与团队运营是完全不同的模式，且两者的起点相同，只不过路径不同。

个人运营的优势为投入成本相对较低、运营灵活，劣势为后续发展疲软，发展速度受限。

团队运营的优势为账号运营效率高、见效快，劣势为团队投入成本高，承担运营风险大。

目前，视频号常见的运营方式为：前期个人运营或小团队运营，

随着发展所需不断增加人数、壮大团队。

2.产品资源及产品属性

视频号资源定位还需要根据运营产品的资源与属性进行。比如，运营者拥有一手货源，则视频号运营期间产品价格、产品品质可以作为主要优势突出。产品属性是指产品性质在不同领域产生的差异，比如网红产品、品牌产品等，选择自媒体属性强的产品更利于视频号发展。

3.运营时间

任何自媒体平台的账号运营都需要投入大量的精力，尤其在运营前期，运营者投入的精力远远大于物力与财力的投入。运营视频号必须有长远规划，并且运营者清楚每天可以投入的时间与精力。

视频号运营最忌三天打鱼两天晒网，作品输出必须持续不断，一旦断更，再优秀的视频号也会造成粉丝流失，所以，运营者必须规划好自己的时间与精力才能够顺利地进行视频号运营。

2.6 视频号的算法和社交属性

视频号会根据某个动态的内容及浏览者的喜好进行推荐,并结合动态的文字描述、话题标签、显示位置等要素进行分析。只有搞懂其中的具体逻辑与算法,我们才能顺着这样的思路打造出爆款视频。

然而,视频号的推荐逻辑正在持续调整和优化,力求更准确地帮助创作者把内容传播给潜在粉丝。在掌握视频号推荐的逻辑与算法的同时,我们也要关注视频号的每一次更新迭代,从而实现自身的持续提升。

视频号的推荐逻辑其实并不难发现,它甚至已经被展现在每个用户的眼前。当我们打开视频号的那一刻,我们就能够明确视频号的推荐逻辑。

如图2-11所示,在视频号主页的顶部,我们就能看到"关注""朋友""推荐"和"搜索"4个标签页面,而这4个页面则共同构成了视频号的推荐逻辑。其中,"关注"即为用户关注的视频号发布的内容,因此,在研究视频号推荐逻辑与算法时,我们主要从"朋友""推荐"和"搜索"3个层面进行。

图 2-11 视频号主页标签

2.6.1 社交推荐优先

在上述页面中,我们能够轻易地发现视频号的核心推荐逻辑,那就是社交推荐。"朋友"占据了正中间的C位。

"朋友"页面的内容推荐逻辑很简单,就是好友点赞过的内容。

社交推荐优先的推荐逻辑,其实对新手用户的尝试,或新账号的冷启动更加友好。即使我们无法快速成为热门视频,但在朋友圈的传播中,我们也能实现2—3层的快速传播。

但这样的逻辑同样会带来一个问题,那就是无法剥离"熟人社交"属性,这就产生了视频号的内容限制问题。

例如,很多男性用户喜欢用抖音点赞各种性感美女的视频,无须考虑其他社交后果,抖音也确实借此吸引了不少流量。但在视频号中,这些男性用户却不会如此肆无忌惮,甚至考虑到自己在熟人圈里的形象,他们反而不愿点赞,或更愿意点赞一些正能量、科普类、资讯类内容。

在社交推荐为先的推荐逻辑下，我们即使要通过"买赞"来实现冷启动，也要注意赞你的用户的标签，只有与作品定位相符的用户的点赞，才能成为视频号冷启动的推动力。否则，盲目地买赞，反而会模糊作品的目标用户，使系统无法对作品定位做出有效的判断，难以进行有效的推荐。

2.6.2 兴趣算法推荐

"推荐"页面下的内容，则是视频号算法逻辑的集中展现。

正如抖音、快手一样，视频号并不会将自身的算法逻辑公之于众，我们只能依靠不断发布内容并进行反馈分析，来摸索和总结视频号的算法，这其实也是视频号运营的主要责任。

目前来看，视频号的算法中的核心维度就是点赞量和播放量，由此延伸出的数据维度又有点赞率、完播率；围绕内容本身则需要考虑内容的质量及其话题性、传播性，由此延伸出的数据维度则是赞粉比、评论量、传播链。

（1）点赞量，这是视频号推荐算法的核心维度，也是视频号运营的核心指标。用户的每一次点赞，都意味着你拥有了获取其社交关系链上其他流量的可能，而在视频号的推荐算法中，点赞量的权重占比毫无疑问居于高位。

（2）播放量，同样是视频号推荐的重要依据，但这一指标通常不会单独作用，而需要与点赞率、完播率、复播率等指标相结合，以避免刷量的可能。

①点赞率，即点赞量与播放量的比值。在相同的播放量下，如果

你的作品有更多的用户点赞，则其质量也不言而喻；但如果点赞率极低，那系统自然就会考虑刷量的可能。

②完播率，即作品完全播完的播放量与整体播放量的比值。该指标能够很好地体现视频的质量，也是系统避免过度"冷启动"的重要参考指标。

很多视频号玩家会依靠"买赞"的方式，获取初始的点赞数，从而达到推广至对方社交朋友圈，并由此进入更高的流量分发池。但如果我们不重视内容创作，即使我们的作品进入了更多用户的视野，但他们只看了1秒就迅速滑到下一个视频，那无疑就代表了作品内容欠佳，系统自然也不会给予推荐。

③复播率，即作品重复播放的播放量与整体播放量的比值。该指标是完播率指标的进阶版，也是视频内容质量的重要体现：用户不仅看完了视频，甚至还重复观看该视频。

（3）赞粉比，即点赞数与关注者数量的比值。该指标不仅体现了关注者的认可程度，也代表了内容的拉新能力。

简单来说，粉丝用户画像是视频号受众群体定位的展现，那么，如果这些受众认可我们的作品，我们的作品更容易得到此类用户的认可，系统自然就会主动将作品推荐给此类用户。

（4）评论量，是视频号判断作品话题性的重要依据。随着话题功能的加入，话题广场越发得到视频号乃至微信的重视，这其实是微信对微博话题的一种进攻性手段。因此，评论量越多的作品，也就更可能进入相关话题广场，从而撬动更多的公域流量。

（5）传播链，更长的传播链代表了作品具有更高的传播力。一般来说，如果我们的作品能够达到3—4层朋友圈的传播，那该作品的传播力就更容易得到系统认可。与此同时，在各自朋友圈间的不断传播中，系统也能够据此对作品进行更加精准的定义，从而精准地将其推送给目标用户。

（6）附近的推荐，算法会根据用户的位置，来推送附近的视频内容。而被推荐的视频，往往也都是在发表时标注了位置。所以很多视频的左下角会显示位置标注，位置标注会显示距离、定位位置。

上述各项指标就是视频号兴趣算法推荐的主要指标，也是我们进行视频号运营的重要依据。但要强调的是，视频号的推荐逻辑仍在调整和优化中，我们在日常运营中也需要实时关注各项指标与视频号成绩的关联，及时调整运营重点。

2.6.3 搜索

在视频号的主页上有个放大镜的图形，如图2-12所示，点击进入，就进入了视频号的搜索界面。在搜索框输入"程鹏"，点击搜索，就会找到相关内容，第一个是我自己的视频号，如图2-13所示。

搜索界面主要搜索出来的都是视频内容，只要我们的内容关键词与搜索内容匹配，就会被呈现出来，这是一个非常好的流量入口。

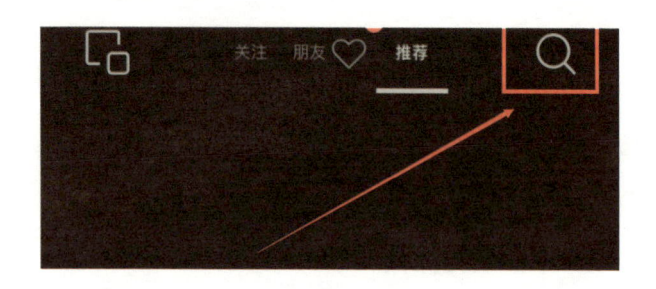

图 2-12 视频号搜索入口

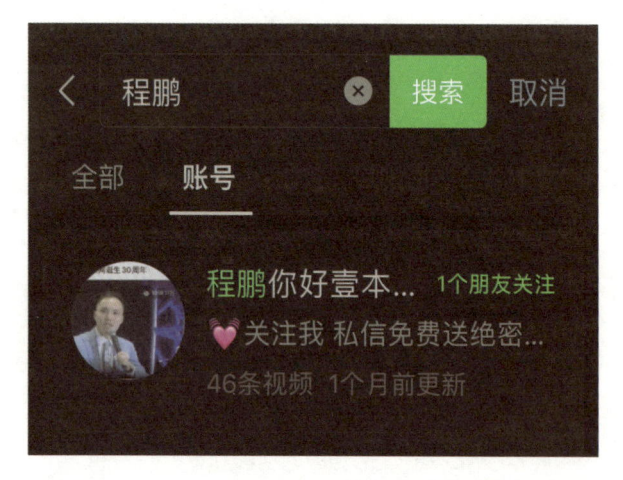

图 2-13 搜索结果

第三章

适合的,才是最好的:视频号内容定位与策划

3.1 视频号跟风的8个大坑

视频号作为一种新兴的社交媒体平台，吸引了大量的用户和企业进入。然而，在追求视频号的热潮中，许多用户和企业容易陷入跟风的陷阱，导致无法实现预期的效果。以下是视频号跟风的8个大坑，以及相应的分析和建议。

1.内容雷同，缺乏创新

在视频号平台上，许多用户看到某些类型的视频获得了高播放量和点赞数，便纷纷模仿创作类似的内容。然而，这种跟风行为容易导致内容雷同，缺乏创新，使观众产生审美疲劳。为了避免这个大坑，用户和企业应该注重内容的创新和个性化，根据自己的特点和优势，打造独特的视频内容。

2.过度追求热点，忽视品牌定位

在视频号平台上，一些用户和企业为了追求高播放量和点赞数，过度追求热点，忽视了自身的品牌定位和核心价值。这种做法容易导致品牌形象混乱，无法建立稳定的受众群体。为了避免这个大坑，用户和企业应该坚持自己的品牌定位，将热点与品牌特色相结合，打造符合自身形象的短视频内容。

3.忽视用户体验，过度营销

一些用户和企业为了追求商业利益，过度营销，忽视了用户体验。他们在视频中频繁植入广告，甚至发布虚假夸大的宣传内容，导致观众产生厌恶感。为了避免这个大坑，用户和企业应该注重用户体验，合理安排广告植入，确保视频内容的价值性和真实性。

4.缺乏持续性和稳定性

一些用户和企业开始时热情高涨，积极发布视频号内容。然而，随着时间的推移，他们的更新频率逐渐降低，甚至停止更新。这种做法容易导致粉丝流失，无法建立稳定的受众群体。为了避免这个大坑，用户和企业应该制订合理的更新计划，确保视频号内容的持续性和稳定性。

5.忽视数据分析，盲目跟风

在视频号平台上，一些用户和企业忽视数据分析，盲目跟风热门视频类型。他们没有深入研究自己的受众群体，也没有根据数据反馈调整内容策略。这种做法容易导致内容与受众需求不符，无法实现预期的效果。为了避免这个大坑，用户和企业应该重视数据分析，了解受众喜好，根据数据反馈调整内容策略。

6. 缺乏互动与社群建设

一些用户和企业只关注视频内容的发布，忽视了与观众的互动和社区建设。他们不回复评论，不参与讨论，使观众感到被忽视，这样就无法建立稳定的受众群体。为了避免这个大坑，用户和企业应该积极与观众互动，回复评论，参与讨论，建立良好的社区氛围。

7.忽视版权和合规问题

在视频号平台上，一些用户和企业忽视版权和合规问题，未经授权使用他人的作品，甚至发布违法内容。这种做法容易导致版权纠纷和法律风险。为了避免这个大坑，用户和企业应该尊重版权，遵守法律法规，确保视频内容的合规性。

8.缺乏长期规划和目标设定

一些用户和企业进入视频号平台时，缺乏长期规划和目标设定。他们没有明确的发展方向，也没有设定具体的目标，导致无法实现持续的商业价值。为了避免这个大坑，用户和企业应该制订明确的长期规划和目标，根据规划制订相应的内容策略和运营计划。

无论是企业还是个人，在运营视频号时，通过有效规避这些大坑，我们就可以在视频号平台上取得更好的发展。

3.2 受众喜欢什么，就应该去放大什么

精准的IP定位，离不开明确的受众群体。如果我们都不知道受众群体在哪、是谁、喜欢什么？我们又怎么可能据此做好定位，并通过视频号运营触及他们呢？

3.2.1 三点定位法

我们可以借助"三点定位法"，通过出发点、闪光点、定位点来快速定位找到目标受众群体，如图3-1所示，通过"三点定位法"挖掘出目标受众。

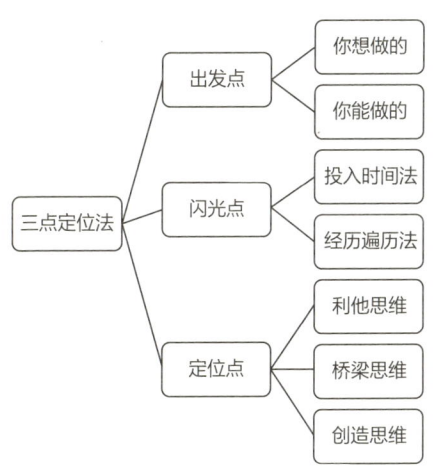

图3-1 "三点定位法"

1.思考你的出发点

无目标的努力，就如在黑暗中远征。当我们决定入局视频号时，我们就一定有相应的目的或者要达成的目标。

很多视频号玩家可能在这里就已经陷入迷惑，他们可能只是想要尝试新鲜事物，可能只是想要分享所见所感，或是寻找志同道合的伙伴，或是宣传自己的品牌……当然，对于营销号而言，这个目的可能更为纯粹——引流变现，但他们仍需明确该吸引哪些流量，依靠哪些客群变现。

出发点决定了后续可能发生的一切，它既是我们运营视频号的起点，也是激发我们前行的动力。

因此，在思考如何做好之前，我们先要思考为什么做？

"我想做什么？"如果你对这个问题有明确的答案，你就能在视频号运营中找到方向，那么，你自然能够跳过这一步骤，瞄准目标受众坚定前行。

然而，大多数视频号玩家都没有这样明确的答案，他们的目标通常飘浮在云端——"我想赚钱""我想成名"……但通过怎样的方式来赚钱、依靠怎样的受众来成名？自己又要如何在视频号里落地，创作怎样的内容让方案可行？他们对此同样缺乏认知。

其实，每位从业者都可能面临这样的困惑，但我们不能因为这样一个问题，就此停滞不前。那么，我们可以从另一个角度进行思考——"我能做什么？"

在视频号里，通过短视频这样的形式，你能做些什么呢？通过分析我们已有的、能做的甚至能做得较好的方面——我们的"闪光点"，找出适合我们的定位。

2.找出你的闪光点

我们的闪光点是什么？谦逊低调的我们通常对这样的问题感到为难，总是会忽视自己的闪光点，而放大自己的不足。

其实，在不同的人生成长经历中，我们总会有些与他人不同的地方，而在这些不同的地方中，通常就能挖掘出自己的闪光点，从这些闪光点出发，我们也就更容易找到适合自己的定位。

要着手找出自己的闪光点，我们可以借助两个方法。

（1）投入时间法。通常，在某些领域投入的时间越多，我们的经验就越丰富，就越可能形成相对优势。

因此，投入时间法就是将自己在各领域投入的时间进行罗列，根据其占比确定方向，进而找到其中的闪光点。一般而言，我们可以选取一个时间段，比如近3个月或近半年，并按照领域、事项进行细分，如表3-1所示。

表 3-1　投入时间法

领域	事项	投入时间	闪光点
工作	技能类事项	30%	Excel 操作
	方法类事项	20%	财务分析
娱乐	运动类	5%	篮球
	游戏类	10%	王者荣耀
	影音类	10%	影评
生活	饮食类	10%	吃
	家务类	10%	收纳

续表

领域	事项	投入时间	闪光点
其他	手工类	1%	自制工艺品
	其他	4%	—

一般而言,我们的时间分布都可以按照工作、娱乐、生活等进行分类,而在这些分类中,我们又可以进一步细分,根据投入时间深入地分析自身情况,找出自己的闪光点。

需要注意的是,如果投入时间占比较少,那么,该事项则不适合作为闪光点,因为只有在大量的时间投入中,我们才能持续产生更有价值的内容。比如表2-1中的手工类,虽然自制工艺品很有创意,但我们投入的时间只有1%,每周投入的时间都不到两个小时,那可能我们每周就只能发布一则短视频。

(2)经历遍历法。如果我们无法对投入时间进行准确分析,则可以通过经历遍历法,将自己的人生通过多个维度进行分解,从而逐步找到自己的闪光点。

任何一个人,都是我们所经历的事情、遇到的人、做出的决定的总和。因此,从人、事、决定等角度,我们就能将自己分解开来,真正地认识自己。

一般而言,经历遍历法可以从人物、时间、地点、事件4个大维度进行分解,如图3-2所示。

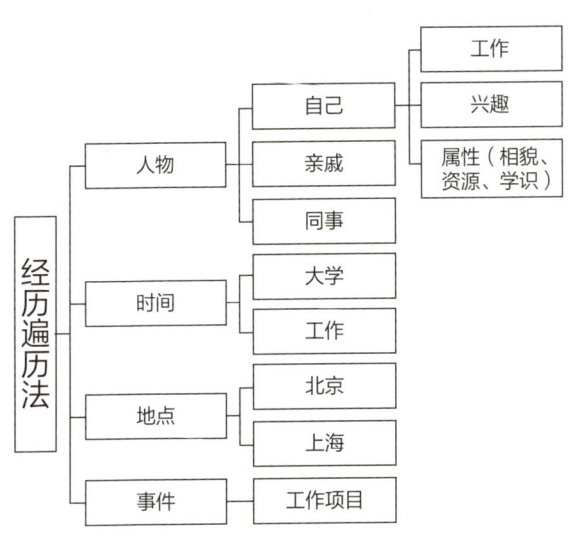

```
经历遍历法
├─ 人物
│   ├─ 自己
│   │   ├─ 工作
│   │   ├─ 兴趣
│   │   └─ 属性（相貌、资源、学识）
│   ├─ 亲戚
│   └─ 同事
├─ 时间
│   ├─ 大学
│   └─ 工作
├─ 地点
│   ├─ 北京
│   └─ 上海
└─ 事件
    └─ 工作项目
```

图 3-2　经历遍历法

在对自己的人生进行透彻的分解中，我们不仅能找到自己的闪光点，更能真正地认识自己，而这对我们的人生而言其实更加重要。无论是运营视频号，还是做其他事情，只有在认识自己之后，我们才能更好地对待其他人、事、物。

3.选出你的定位点

无论是思考出发点，还是找出闪光点，往往都是一种主观的思考，但在最终选出定位点时，我们却要客观地考虑用户的感受。

简单而言，你的孩子可能特别可爱，占据了你的大部分生活时间，你也将之看作自己最骄傲的闪光点；然而，如果你只是发布关于孩子的照片或视频，却未必达到很好的效果。在生活中，所谓"晒娃狂魔"往往只是愉悦了自己，却可能引起他人反感，甚至遭到"不看他（她）的朋友圈"的待遇。

因此，虽然闪光点具有转化为定位点的可能，但却并非每个闪光点都适合作为视频号的定位点，在选择定位点时，我们必须遵循两个重要思维。

（1）利他思维。所有商业模式的本质其实都是为他人创造价值。如果我们的短视频无法为他人创造价值，那么即使我们自己再喜欢，也无法得到所期待的结果。

正如所谓的工匠精神，只有当工匠的作品能够创造价值时，这件作品才能发扬光大，在不断地传播中实现价值增值；但如果工匠作品无法创造价值，即使他能够将食物做得再好看、好吃，他也无法实现商业价值。

（2）桥梁思维。基于利他思维的思考，我们的闪光点初看可能对他人不具有价值，但我们其实可以换个角度思考，挖掘出其中可能的价值——这就是桥梁思维，我们要搭建起目的与利他之间的桥梁。

仍以"晒娃狂魔"为例，单纯的孩子照片、视频往往难以对他人产生价值，因为，你的孩子再可爱、进步再大、有再多技能，这对他人来说有什么价值呢？但我们却可以换个角度来发布内容，比如你关于育儿的思考和经验，你教育孩子学习和进步的方法，这些思考、经验和方法就是对他人有价值的内容。

桥梁思维不仅是选择定位点需要的思维，更应当贯穿视频号的运营全局，我们必须在自己与用户之间建立起桥梁，而这座桥梁则由利他构成。

当我们真正掌握利他思维和桥梁思维时，自然就能找到我们的受众群体："我做视频号想要赚钱，我的闪光点是有一个多才多艺的萌娃，我在培育她的过程中有很多有用的技巧方法，这些方法对哪些用户有用呢？——那些新手父母。我在哪里可以找到哪些新手父母呢？——宝妈群、奶粉群、玩具群。"

（3）创造思维。创造思维则是明确受众群体的一种逆向思维。如果我们确实找不到自己的闪光点，或者不知该如何将闪光点转化为定位点，当我们对一切都毫无头绪时，我们就可以使用创造思维，为自己创造一个利他的闪光点。

比如，你想要通过发布旅游相关内容来赢得旅游爱好者的关注，并借此获得各大旅游公司的赞助免费出游，甚至通过发布旅游相关广告来变现，但你却没有多少旅游经验。那么，你就可以主动创造相关的闪光点，直接找一个想去的地方去旅游，并将整个过程中的"闪光点"记录下，比如如何制订出游计划、景点有多么美丽或有哪些"雷点"，这个过程中可能有趣味，可能有辛酸，可能有疲惫，但这些真实的感受，却是真正能够吸引用户的内容。

即使是那些自认已有闪光点或定位点的视频号，同样不能忽视创造思维。创造思维其实就是从零开始实现梦想的思维，或许每个人的起点不同，但运营视频号的我们其实拥有属于自己的梦想，而要实现这个梦想，就需要不断创造。

尤其是在视频号频繁更迭的当下，任何的传统经验可能都难以发挥预期的效用，正因如此，我们更要融入创造思维，将自己看作新手，将视频号看作一个全新的梦想，不断创造出能够吸引用户的内容。

定位是我们玩转视频号的锚点，入局视频号后的一切操作，都应当基于我们最初确定的定位，内容创作同样如此。唯其如此，我们的每一次创作、每一条互动，都是在强化我们的定位标签，让我们得以更加深入既定的垂直领域。

视频号定位与内容的匹配，不仅要从自我认知出发，更要以用户的认知为目标，在自我认知与用户认知的对接中，创造出用户认可的优质内容。

3.2.2 用户需要什么内容

视频号定位与内容的匹配，其实就是对用户需求的深入挖掘。纵使我们的作品都是与定位相关的内容，但如果无法满足用户的需求，这种创作自然谈不上匹配。因此，设计视频号内容的起点，必然基于一个问题：用户需要什么内容？我们必须给用户观看，甚至重复观看的理由。

1.兴趣同好

兴趣是视频号吸引用户的最佳手段。在信息大爆炸的当下，当大量的信息充斥在用户眼前，他们进行信息筛选的第一反应就是基于兴趣的选择。尤其是在获取公域流量时，谁的内容更能满足用户兴趣，谁就能获得更多的播放量和点赞量。

社交网络的火爆发展，很大程度上是因为，在连接一切的互联网时代，人们不再满足于狭窄的熟人圈和职业圈，开始渴望寻找志同道合的朋友。如表3-2所示为三类社交圈的差异比较。

表 3-2　三类社交圈的差异比较

圈层	关系亲疏	自由度	社交频次（1—5 分）
熟人圈	亲密，稳定	范围窄，自由度小	3
职业圈	较亲密	范围较大，自由度较大	4
兴趣圈	较生疏	自由度很大	5

相较而言，熟人圈的选择自由度较低，而职业圈甚至没有可选择性。但这些圈层社交却占据了用户太多的线下时间，因此，他们很难再在现实环境下组建自己的兴趣圈。

此时，在移动社交时代，人们终于可以从"无限大"的社交网络中，重新组建最契合自身的社交圈，我们将此统称为兴趣圈。

想要让用户浏览你的内容，最好的方法就是进入他的兴趣圈。当人们纷纷进入社交网络寻找"同志"时，兴趣同好自然是关注视频号的最佳理由。而视频号要做的就是，精准锁定目标用户的兴趣共性，并投其所好。

2.身份认同

视频号的一个突出特征就是用公域流量撬动私域流量，用户的每一次点赞，都意味着将你的作品分享到他的朋友圈。在这一前提下，用户在浏览时或许可以全凭兴趣，但他的每一次点赞都需要多一层考虑，那就是身份认同。

简单而言，在视频号用户看来：如果我点赞的都是格调较高的视频，就会凸显我的格调；而在对高格调视频内容的浏览中，我也可以逐渐提高自身格调，赢得熟人圈的认可；当然，我不可能点赞格调过高的内容，以免显得太"装"。

因此，我们可以根据目标用户的身份定位，为内容赋予较高的格调。如此一来，视频号内容既能起到引导用户的作用，满足用户期待，吸引更多用户，也能满足用户的情感需求，帮助用户自我定位，提升外在形象。

3.解决痛点

当今时代的任何商业竞争，都离不开一个词，那就是"痛点"。在痛点思维下，我们要做的并非创作内容再发布给用户，而是研究用户痛点后再创作内容。

如果我们能够针对用户的痛点给出有效的解决方案，用户自然会认可我们的内容。但很多视频号玩家会疑惑：仅仅依靠一条短视频，能解决什么痛点呢？

答案其实有很多，而其中最典型的就是成为用户的"信息整理师"。层出不穷的信息总是让用户眼花缭乱，当用户不知该怎样获取信息时，我们就可以帮助用户进行筛选和整理，为用户送上一则"晨间要闻""热点集锦""新梗解释"。

4.物质价值

短视频同样可以为用户带来物质价值。

物质价值通常是快速吸引用户的一个重要手段，比如点赞或评论抽奖、加微信发红包等。当然，这些手段更偏向于营销，而非内容创作。

从内容创作来看，视频号则能成为品牌的售后服务载体，为用户提供产品之外的补充服务，比如安装教程、玩机攻略、优惠速递等。

3.2.3 如何创作视频号内容

在谈及内容创作之前，视频号玩家要走出一个认知陷阱：视频号关注者越多越好。很多视频号衡量作品成绩的唯一标准，就是播放量；衡量视频号价值的唯一标准，则是关注者数量。但其实，视频号与抖音、快手等短视频平台的一个典型区别，就是其撬动私域流量的价值，而要撬动私域流量，我们更关注的并非数量，而是精准。

创作视频号的内容的思路，必然立足于精准，在吸引更多目标用户的同时，持续为其创造价值，从而做好私域流量的运营。即使关注者只有10000人，但如果他们都是我们的忠诚目标用户，那么我们就能用更高的效率、更低的成本实现更好的转化。

因此，基于视频号定位，我们在创作视频号内容时必须注重以下4个层面。

1.以精准程度为重

谈及短视频经济，很多人第一时间想到的就是"百万粉丝，10万+点赞"。然而，在视频号中，想要真正掘金，单纯的数量是远远不够的。

视频号运营需要成本，成本则需要创造效益。假设单个用户的运营成本为1元钱，视频号有百万关注者，但人均效益不过0.01元，这样的关注者数量又有何意义？视频号的成功不在于数量，而在于精准。

即使关注者数量不多，但依靠绝对的质量、精准的转化，我们却能创造惊人的效益。抛开质量谈数量，就好像一艘海船远航归来，却满载着一船海带，这又有何意义呢？

数量如果不能转化为经济效益，那么这个数字无论多高，它实际上依然等于零。这就像大众传媒时代的多面撒网一样,虽然仍旧会有收获,但却未能享受到视频号的效益。

2.从自身定位出发

想要获得更加精准的视频号用户,你就要为用户提供更多的干货。所谓干货,可以简单地理解为用户需要的有价值的内容。

干货的关键点有二:其一是需求,其二是价值。但在以干货吸引用户时,要考虑的其实是更加明确的定位,定位准确推论精准抓住目标用户。

为此,初始用户的数量就必须得到保证。在视频号运营初期,我们可以先围绕最初定位发布更多的作品,从而积攒视频号的初级用户,当初级用户达到一定数量时,我们就可以通过用户画像,如图3-3所示,找到自己的核心用户,并不断与他们进行交流互动,明确核心用户的需求,从而进一步完善自身定位。

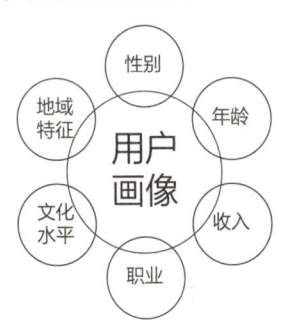

图3-3 用户画像

3.为用户提供干货

为了实现视频号定位与内容的精准匹配,定位和干货必须双管齐下：只有明确自身定位，才能明确精准用户需要怎样的干货；只有不断提供干货，才能扩大"数据池"深化自身定位。

想要吸引并留住精准用户，干货必不可少。但这并不意味着，要在最初就给出全部价值。

能够实现"10万+"的视频内容，必然都是干货的集合，但从自身而言，我们能够提供的干货其实是有限的。没有人可以每天都创作出一个"10万+"的视频，因此，我们要控制提供干货的节奏，在调动用户兴趣的同时，积蓄力量，阶段性地推出足够精彩的内容。

4.与用户利益捆绑

视频号运营需要成本，提供干货也需要成本，而在找到精准用户之后，只有将其转化为忠诚粉丝，我们才能借助这股力量实现商业变现。那么，我们要如何借助内容将精准用户留下来呢？

许多从业者在运营视频号时，仍然怀抱着传统的商业观念：用户就是待宰的羔羊，关键在于如何让羔羊心甘情愿地被宰。这种观念的结局必然是惨败，在痛点思维下，视频号必须关注用户利益，切身考虑用户的痛点需求，并给出尽量完善解决方案。

如图3-4所示，当我们借助用户实现流量增加或商业变现时，我们也要进行反馈，比如创作感恩视频或抽奖等，让用户感觉到"你没他不行，他有你很好"，从而将用户与视频号的利益捆绑在一起。

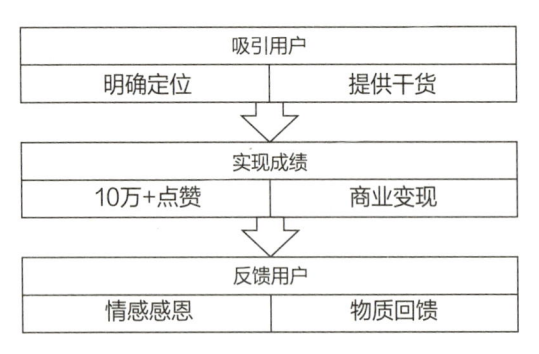

```
┌─────────────────────────────────┐
│           吸引用户                │
├────────────────┬────────────────┤
│    明确定位     │    提供干货     │
└────────────────┴────────────────┘
                 ↓
┌─────────────────────────────────┐
│           实现成绩                │
├────────────────┬────────────────┤
│    10万+点赞    │    商业变现     │
└────────────────┴────────────────┘
                 ↓
┌─────────────────────────────────┐
│           反馈用户                │
├────────────────┬────────────────┤
│    情感感恩     │    物质回馈     │
└────────────────┴────────────────┘
```

图 3-4　视频号创作途径

3.2.4 如何在视频号中创造新奇

在移动社交时代，当互联网无限扩大社交的内涵时，每个人的社交欲望都被放大。为了在社交网络中获得更多的关注和认可，人们也希望在摆脱普通平凡的生活同时，发布更加新奇的内容。

身处视频号环境下，在千篇一律、快速模仿的创作环境中，我们同样需要满足用户对新奇内容的需求。

一招鲜吃遍天的模式，在视频号运营中是行不通的。无论怎样优秀的内容，一旦获得成功，就会被快速模仿，而在同类内容的频繁冲击下，用户也会逐渐失去新鲜感和快感。

因此，视频号内容创作，不仅要坚持创造新奇，还要持续为用户创造更多的新奇，在一波又一波的热点话题中，将你的视频号推向巅峰。

在创新话题时，我们同样不能毫无依据地创新。事实上，如今，很多所谓的创新都是因为"脱离群众"，而无法落地。

在创造新奇时，我们必须围绕市场热点、时间属性、用户需求3个核心要素，不断开发新的话题，引导用户参与互动。

1.市场热点

在互联网产业的不断发展升级中，如今的互联网已经开始逆袭，创造了一个个市场热点，如京东"618"、天猫"双11"等。同样，原本的线下热点也正在向线上转移，越来越多的品牌正在将"店庆"活动转移至电商平台。

因此，在自身体量较小、无法创造属于自己的热点事件时，我们可以寻找市场热点，并借势市场热点，对这些大牌的事件进行热点再创作，或顺势营销、热点关联，从而在用户的集体狂欢中吸引更多流量。

2.时间属性

对于每个人来说，一年都是365天，但这365天，对于每个个体而言，又有着不同的意义。对于正常职场人而言，这365天就是工作日和节假日；对于教师或学生而言，则还有寒暑假；在情侣看来，则更重视情人节、七夕节、圣诞节……

根据视频号的自身定位，我们需要把握好每个时间节点的机会。

3.用户需求

既然用户能够成为我们的关注者，甚至是我们忠诚粉丝，那么，我们必然已经对用户的深层需求充分了解。然而，用户的需求并非单一的，当我们将用户聚集在视频号当中时，我们就不能只考虑自身定位，还要创造性地满足他们更多的需求。

比如在毕业季，向职场人士推送"怀旧主题"，满足他们的怀旧情怀；又或者在光棍节，向游戏玩家推送"单身狗关怀活动"，慰藉他们"受伤的心灵创伤"。

3.3 找好对标，先像，再成为，再超越

在视频号的内容输出中，找到合适的对标账号进行学习和借鉴是非常重要的。对标账号可以帮助你了解行业趋势、受众喜好以及成功的运营策略。

3.3.1 巧妙发现对标账号

以下是一些寻找视频号对标账号的方法。

1.行业领袖和知名品牌

首先，我们可以关注我们所在行业的领袖和知名品牌。这些账号通常具有强大的品牌影响力和稳定的粉丝基础，他们的内容策略和互动方式都是值得学习的。

其次，我们可以关注一些与我们业务相关又不直接竞争的账号。他们可能会分享一些与我们类似但又有不同视角的内容，这可以帮助我们了解行业内的多样性和潜在的合作机会。同时，我们也可以从他们的成功或失败中汲取经验，避免自己走弯路。

最后，我们可以关注一些行业内的专家或意见领袖。他们通常具有深厚的行业知识和丰富的经验，能够为我们提供有价值的见解和建议。通过与他们互动，我们可以建立起与行业内专业人士的联系，为

自己的职业发展提供更多的机会。

不要忘记关注那些与我们所在行业相关又有创新思维的账号。他们可能会尝试一些新的内容形式或互动方式，给我们带来启发和灵感。通过与这些账号互动，我们可以不断拓宽自己的视野，保持对行业的敏锐度和前瞻性。

2.热门话题和标签

通过搜索与我们内容相关的热门话题和标签，可以找到在该领域活跃的账号。这些账号往往能提供行业内的最新动态和流行趋势。

除了寻找热门话题和标签，我们还可以尝试分析这些活跃账号的内容特点。他们发布的文章、视频或图片，往往能够反映出该领域的热门话题和受众喜好。通过观察他们的内容创作方式，我们可以学习到如何更好地捕捉用户的兴趣点，以及如何以更吸引人的方式呈现我们的内容。

3.平台推荐和排行榜

视频号平台通常会根据用户的观看习惯和兴趣推荐相关账号。此外，排行榜也是一个找到热门和对标账号的好地方。

4.社交媒体和论坛

在社交媒体平台和行业论坛上，人们经常讨论和分享优秀的视频号账号。这些讨论可以帮助我们发现新的对标账号。

5.数据分析工具

使用第三方数据分析工具来分析视频号的受众、互动和内容表现。这些工具可以帮助我们发现哪些账号在我们关注的领域表现最好。

6.竞品分析

如果我们有直接竞争对手，那么分析他们的视频号账号是一个很好的开始。了解他们发布的内容类型、频率、互动策略等，可以帮助我们找到自己的差异化和优势。

7.行业报告和研究

定期阅读行业报告和市场研究，这些通常会提到在视频号上表现突出的账号。

8. 直接询问和反馈

可以直接询问我们的目标受众，了解他们在视频号上关注了哪些账号，这些账号为什么会吸引他们。

找到对标账号后，我们应该分析他们的内容策略、发布频率、互动方式、视觉风格等，并结合自己的品牌特点和资源，制定出适合自己的内容输出策略。记住，对标账号是用来学习和灵感的来源，而不是完全模仿的对象。保持原创性和个性化是视频号内容成功的关键。

3.3.2 找到对标账号实操

假设你是一家健康食品品牌的市场营销人员，希望通过视频号来提高品牌知名度和吸引潜在顾客。该如何做呢？

1.行业领袖和知名品牌

你可能会关注像安利、雀巢健康科学这类的健康食品行业的领导者。通过分析这些品牌在视频号上的内容，你可以了解到他们如何通过教育内容、健康小贴士和产品展示来吸引受众。

2.热门话题和标签

搜索与健康饮食、健身、营养等相关的热门话题和标签，你可能会发现一些专注于健康生活方式的博主或专家。例如，一个使用#健康饮食标签的视频号，可能会分享如何制作健康餐食的视频。

3.平台推荐和排行榜

在视频号的推荐页或者排行榜上，你可能会看到一些高播放量的健康类视频。这些视频的发布者可能就是你要寻找的对标账号。

4.社交媒体和论坛

在知乎、小红书等社交媒体平台上，健康生活方式是一个热门话题。你可能会发现一些讨论中提到了值得关注的视频账号。

5.数据分析工具

使用第三方数据分析工具，如飞瓜数据，你可以看到哪些健康食品品牌的视频号在播放量、点赞、分享等方面表现最好。

6.竞品分析

如果你的直接竞争对手也在使用视频号，那么分析他们的账号是必要的。看看他们发布的内容类型、风格和互动情况，可以帮助你找到自己的竞争优势。

7.行业报告和研究

阅读有关健康食品行业的报告，我们也能找到一些在视频号上成功的品牌案例。

8.直接询问和反馈

通过问卷调查或社交媒体互动，你可以直接询问你的目标顾客他们在视频号上关注了哪些健康类账号，以及他们喜欢这些账号的哪些方面。

通过上述方法找到对标账号后,你可以分析他们的成功之处。比如,他们是如何讲述品牌故事的,如何分享给观众关于健康饮食的知识,以及他们是如何通过互动建立社区感的。然后,你可以结合自己品牌的特色和资源,制定出适合自己的视频号内容策略,比如发布健康食谱、营养知识、产品使用体验等内容,同时保持与观众的互动,回答他们的问题,从而建立起品牌的信任和忠诚度。

3.4 视频号选题怎么选才能爆

视频号定位与内容的匹配，其实就是为了梳理视频号内容创作的思路。只有在明确且有效的思路下，我们才能创造出真正对视频号运营有益的作品。那么，在这样的思路下，视频号内容具体又该如何设计，才有机会成为爆款呢？

3.4.1 爆款视频内容设计的4个重点

当创意涌现，我们准备着手进行视频内容制作之前，我们要明确爆款视频内容设计的4个重点，为视频内容注入更强的时代感、记忆力和感染力、传播力。

1.背景

很多视频内容之所以让人产生"上时代作品"的感觉，就是因为创作者在设计视频内容时忽略了对视频传播背景的考量，比如在2020年讨论博客运营，或在扩大开放的背景下谈论闭关锁国……

每个时代的每个时间节点，以及不同的文化氛围或舆论环境或市场热点下，如此种种共同构成了短视频的传播背景，而善用背景，则能为视频内容提供热启动效应和注意力效能。

我们必须立足背景进行创作，尤其是此时此刻用户普遍关注、讨论的背景，以避免冷启动的尴尬境地。

2. 场景

简洁明快、传达准确的洗脑式广告，能够在魔性重复中缩短用户的认知链路，从而降低传播成本、增强传播效果；而在这背后则暗藏一个逻辑，那就是极强的场景关联性。

送礼就送脑白金、求职就用BOSS直聘、婚纱照就选铂爵旅拍……这些广告正是要强化这种场景关联，因为场景不仅能够增加唤醒概率，同样为用户建立记忆锚定。

这一思路同样适用于爆款视频的创作，"歪嘴龙王""赘婿"就是一个典型的案例。在极短的剧情冲突下，这个视频系列为用户建立了坚固的记忆锚定：只要提起小说，第一时间就想起赘婿；只要想起赘婿，第一时间就想到"龙王"。

3. 语境

在爆款视频的创意背后，其实还有对语境的构建和把控。基于某一诉求的表达需求，我们可能会想出一百种创意方法，但如何将这些创意有效地表达出来并传递给用户，就需要通过恰当的语境来引发用户的心理共鸣和情感共振。

一旦发生跳脱语境的情况，视频内容就会显得像是一场"尬演"，只会让用户感到尴尬且没有任何说服力。

视频号创作的语境构建，同样需要从背景和场景出发。背景构成了视频的氛围要素，而场景则是视频的框架要素，语境就是在特定氛围、框架下的正确表达。当我们为视频内容想出一句"金句"，或有一个核心产品需要推荐时，我们就要围绕这一核心，构建起一个协调、完善的语境，让表达更具穿透力和感染力。

4.路径

短视频领域内的抄袭现象泛滥成灾，任何创意或爆款视频，都会迅速引来大批的"借鉴者"，用户在浏览内容时总会有似曾相识的感觉，但很多抄袭模仿的内容却只会让人反感，因为他们只是东施效颦，只抄了表面，却没有抄到核心的路径。

如果说背景、场景和语境是丰富视频创意的3个前置点，那么路径就是贯穿整个视频创作的线性要素。我们可以模仿别人的背景、场景和语境，但要如何将这三者串联起来，并为核心表达诉求服务呢？这就是一条隐藏在视频背后的暗线。

在设计视频内容时，我们自己也要梳理出这样一条路径：我想表达的核心要素是什么？我需要遵循的背景、场景是什么？我如何构建起相应的场景？整个视频的推进逻辑是什么？这些都是路径所要解决的问题。

3.4.2 爆款视频的脚本制作

每一条短视频的拍摄都需要投入一定的成本，因此，在拍摄之前，我们就要对视频内容的所有细节进行完全设计，并在不断讨论、完善，最终确定之后，再进行拍摄。这就是爆款视频都需要的脚本制作。

脚本是视频拍摄的依据，正如电影的剧本一样，在拍摄过程中，如演员、摄影、剪辑等所有人员的行为都要服从于脚本。脚本的核心作用就是安排每个人每个时间、地点要做的事情。

很多人都知道王家卫拍电影是没有剧本的，但在不用剧本拍电影的导演中，真正成功的也只有王家卫一人而已。当我们为视频内容做了那么多的准备，为视频创意做了那么多的讨论，那我们就要让所有的设计充分展现在视频内容中，因此，想要制作爆款视频，就要从脚本制作开始。

1.脚本的分类

对视频号玩家而言，视频脚本一般分为分镜脚本、拍摄提纲和文字脚本3类，它们分别适用于不同类型的内容创作。

（1）分镜脚本，是一幅可以直接用镜头表现的画面，它能通过可视化的影响帮助团队保留创作者初衷。因此，分镜脚本更适用于故事性较强的短视频，其内容则包括画面、景别、拍摄技巧、时间、机位、音效等各种细节。

一个完整的分镜脚本对画面的要求极高，但要在极短的时间内展现出极强的故事情节，我们就必须设计好相关细节。

（2）拍摄提纲，是对拍摄内容的提示性脚本，主要包含视频拍摄过程中的各种要点，一般适用于不易掌控或预测的内容。

因此，拍摄提纲的限制性较弱，摄影师只需拍出视频内容要点即可。虽然优秀的摄影师能够在此过程中充分发挥个人创意，但对视频号的后期运营缺乏指导效果，因此，视频号一般无须采用这种脚本制作方式。

（3）文字脚本，是对拍摄过程中所有可控要素的完全阐述，可以看作视频内容拍摄的详细教程，相关人员只需按照脚本要求逐步推进即可。

文字脚本适合绝大多数的短视频创作，而且基于这一详细的拍摄方案，视频内容创作的效率也极高。

2.脚本内容书写

只有在确定了视频内容的风格、创意之后，我们才能着手进行脚本内容的书写。在书写脚本内容的过程中，我们必须考虑到它的实用性和逻辑性，并实时想象脚本对应的画面，甚至可以在脚本中画些草图，从而判断该脚本是否可行。

具体而言，脚本内容书写分为3个步骤。

（1）明确主题，即明确视频内容的核心主旨，或是一句金句，或是一个产品，或是一个故事冲突，这是我们真正要传递给用户的内容。

（2）搭建框架，即搭建视频内容的故事线索，具体包括时间、地点、人物、场景和事件等要素。由于短视频的时间限制，我们需要在有限的文字内，设计出反转、冲突等亮点情节，并借助这些亮点来突出主题。

（3）填充细节，即丰富故事框架的各类细节，如背景、道具、动作、眼神、对白，乃至光线、运镜、音乐等各类要素，从而增强视频的表现感，让人物更加丰富、故事更加可信，最终调动起用户情绪。

细节决定成败，这也是好视频与坏视频的区别所在。在相似的主题和故事框架下，爆款视频之所以能成为爆款，正是因为它设计了更加完善的细节。

与此同时，越是详细的细节设置，就越能提高视频拍摄效率、确保视频拍摄效果，并避免在拍摄过程中可能出现的意外状况。

3.4.3 爆款视频常见的6种风格

在各色各样的爆款视频中，我们可以总结出6种常见的风格。

1.美：爱美之心，人皆有之

"颜值即正义"，当今时代，美的东西总是能第一时间抓住用户眼球。但要注意的是，所谓"美的肉体千篇一律，有趣的灵魂万里挑一"，缺乏内涵的颜值，在短视频领域已经无法制胜。

2.燃：平淡的生活需要一点激情

普通人的人生通常陷入"两点一线"的重复，在这样平淡的生活中，"燃爆全场"的短视频，则能激发用户激情，满足用户想象、引起用户共鸣。

3.萌：戳中萌点，治愈人生

撒娇、温柔、害羞、天然呆、萌娃、萌宠，各种萌系内容已经成为短视频领域的一个独特类别。尤其是当用户遇到各种坎坷、心情低落时，这些戳中萌点的内容也能给予他们治愈和安慰。

4.暖：在真实中传递温暖

生活终归平淡，但在平淡的生活中却有暖人心扉的真情实感，如亲情、爱情、友情或同情，这些真实情感的传递，同样能够让用户感动。

5.牛：将事情做到极致

社会对成功的评判标准通常较为单一，生活中却有各种"牛"人，他们虽然没有获得金钱、地位上的成功，但他们的坚持与毅力却让人敬佩和惊叹。无论是在小镇，还是在乡村，或是工地，这些牛人牛活，同样可以成为爆款，比如"中国最知名且最无用的发明家——手工耿"。当然，此类视频通常也难以复制模仿。

6.干：能落地实操的干货

虽然干货类视频没有其他风格的内容流量很大，但无论在哪个平台上，干货类视频仍占据了相当的市场分量。这是因为，干货类视频的各种知识、技巧，确实值得用户学习，并能够在现实生活中发挥作用。

第四章

真实的，才最吸引人：
视频号内容创作技法

4.1 视频号拍摄技巧

每一个完整的视频号作品，都必然由一个或多个镜头组合设计而成。当很多人追逐高端的摄像设备时，其实，拍摄方法才最重要。尤其是随着手机拍摄技术的日趋成熟，如今，用手机拍大片已经成为现实。

因此，在视频号作品的拍摄中，硬件绝非问题，关键在于拍摄技术。在拍摄过程中，我们必须掌握基本的拍摄方法，确保视频效果完整、赢得用户认可，在拍摄过程中避免因粗糙的拍摄而导致效果不佳，影响用户体验。

4.1.1 视频号的主要拍摄模式

为了呈现出不同的作品效果，我们在拍摄视频时会采用各种视角和叙述方式，使用的人称方式也有所不同。总结而言，视频作品主要可以采用4种拍摄模式。

1.自拍模式

自拍模式就是将镜头对准自己进行拍摄，采用第三人称视角，给用户面对面交流的感觉。这种拍摄模式一般采用中近景，其视频形式也比较单一，主要表现形式为一人到两人对着视频说话。

从早期的直播视频开始，自拍模式逐渐延伸到短视频平台，并成为一种主流的拍摄模式。尤其是在手机成为主要拍摄工具的当下，自拍模式凭其简单、方便的特点，得到广大创作者的认可。

2.讲解模式

讲解模式则主要适用于电影解说、产品测评等视频内容，一般采用横屏拍摄方式，可以采用第一人称或第三人称视角进行拍摄，其主要目的就是向用户阐述清楚需要表达的内容。

因此，采用讲解模式的创作过程通常表现为"音画不同步"，先制作讲解画面，比如电影剪辑或产品拍摄，再通过后期配音进行讲解。

3.剧情模式

剧情模式则表现为一部剧情类短片，有明确的主题和背景设定，多采用第三人称视角进行创作。

剧情模式的拍摄前提是必须有一个完整的视频脚本。由于剧情模式需要多个镜头进行组合，我们就要通过脚本对拍摄过程中的诸多要素进行控制，并让剧情按照剧本逐步展开。

在此过程中，为了进一步优化视频效果，我们还需要掌握各种运镜技巧，灵活运用镜头语言。

4.采访模式

采访模式主要用于人物采访或街头采访类的视频，拍摄过程一般要结合运用第一人称视角和第三人称视角。简单来说，镜头可以跟着说话方进行转移，或专注表现某一方的语言、表情、动作等。

采访模式具有很强的灵活性，我们可以根据采访场景、采访对象、采访话题的不同，采用多种拍摄方式。

4.1.2 视频号拍摄方法及运镜手法

关于镜头的拍摄手法，直接关系视频作品的整体效果。一般而言，视频号拍摄可以分为固定机位拍摄和运镜拍摄两种方式，其中，运镜拍摄又需要掌握各类运镜手法。

1.固定机位拍摄

如常见的自拍模式或者直播带货，就是一种固定机位拍摄，在静止不动的摄像机前，主播通过讲解、演示为用户呈现拍摄内容。

固定机位的拍摄手法较为简单，镜头无须移动，但我们也要注意购置三脚架或其他稳定设备，确保镜头稳定，以免镜头摇晃、倾斜甚至倾倒。

2.运镜拍摄

运镜拍摄则是借助多样的镜头设计，通过推、拉、摇、移、跟等各种运镜手法，为视频注入镜头语言，从而丰富内容、突出重点。熟练的运镜拍摄手法，也是剧情类、特效类视频的必备技巧。

（1）推镜头，是拍摄短视频的常用手法，通过将镜头前移或变焦，产生从远到近、逐渐靠近被拍摄对象的效果，让用户产生逐步接近、近距离观察的感觉。使用推镜头，能够借助从整体到局部的变化，突出拍摄对象的细节，从而在逐步舍弃多余画面的过程中突出重点。

（2）拉镜头，与推镜头恰好相反，通过将镜头后移或变焦，产生从近到远、逐渐远离被拍摄对象的效果，让用户产生逐步远离、远距离观察的感觉。使用拉镜头，能够借助从局部到整体的变化或从一个对象到另一个对象的变化，突出拍摄对象与整体或其他对象的关联效果。

（3）摇镜头，即摄像机位置不变，仅摇动镜头做上下、左右、移动、旋转等动作，产生移动实现观察拍摄对象各部位的效果。使用摇镜头，可以用来表现事物逐渐呈现的变化，或通过渐入渐出的方式描述事物发展过程。

（4）移镜头，即移动拍摄，是通过移动摄像机来拍摄不动的物体，从而产生物体正在移动的效果。使用移镜头，我们可以将拍摄对象连贯起来，形成动态效果，从而使主题更加明确。需要注意的是，拍摄移动镜头时，需要使用稳定器来消除运动状态下产生的抖动。

（5）跟镜头，即跟拍，跟随拍摄对象进行拍摄。拍摄过程中，拍摄对象在画面中的位置应当保持不变，仅仅显示周围画面的变化，从而突出主体，并表现出主体的运动方向、速度及体态等信息，给人身临其境的感觉，比如街头跟拍类的作品主要是采用此类运镜手法。跟拍镜头同样需要配合稳定器的全锁定模式使用，以确保移动时方向一致、画面平稳。

（6）甩镜头，快速摇动镜头，从一个对象转移到另一个对象，而转移过程则是模糊一片的效果，此类镜头可以表现内容的突然过渡，也是短视频过渡转场的常用运镜手法。

（7）晃镜头，即晃动镜头使画面产生上下、左右、前后等摇摆效果，此类镜头一般运用较少，主要用于表现人物精神恍惚、头晕目眩等特定场景。

（8）旋转镜头，拍摄对象呈旋转效果，旋转镜头一般是沿镜头光轴的角度进行拍摄，通过快速旋转的画面，表现眩晕感觉，或用来烘托情绪、营造氛围。

（9）升降镜头，通过摄像机的上下移动，配合镜头俯仰角度，为用户呈现更加丰富的视觉感受。

4.1.3 拍摄过程中的细节问题

视频号拍摄需要掌握诸多技巧，还需要注意各种细节问题。尤其是对新手玩家而言，我们或许没有多少专业的拍摄技巧，只是采用自拍模式向用户阐述自己的想法，但即使如此，我们还是需要注意以下6个细节。

1.避免逆光拍摄

专业的视频拍摄需要考虑光线的应用，用拍摄对象和光线的位置变化来营造氛围、表达思想。这样的要求对于大多数创作者而言都较有难度，但我们只需注意一个基本条件，那就是避免逆光拍摄。

逆光拍摄会使人的脸部过暗，或导致阴影部分变得模糊。因此，如果我们确实无法避免逆光环境拍摄，那么就要使用反光板或拍摄设备的逆光补偿功能来控制光线。

2.对焦要准确

拍摄对象应当清楚展现在视频画面的正中央，这就是对焦。

一般而言，各类拍摄设备都有自动对焦功能，可以根据前方物体的反射信号判断距离或调整焦距，这无疑能为我们提供一种便利。

但在某些特殊情况下，比如我们隔着丝网、玻璃进行拍摄，或镜头与拍摄对象之间有人物移动时，自动对焦就会导致画面焦距不稳定。此时，我们就要将对焦状态从自动切换为手动，并对焦拍摄对象。

3.围绕中心对象拍摄

视频号拍摄始终应当围绕中心对象进行拍摄，尤其是在复杂的拍摄环境下，路边的行人、动物或其他事物都可能成为一种干扰，我们必须进行妥善应对，着重展现中心对象的行为、言语和情绪变化，避免出现其他事物喧宾夺主的情况。

即使是在采访模式下，如果采访者的画面不重要，我们也可以不展现采访者画面，或仅仅对焦被采访者，充分展现被采访者的表达，保留采访者的采访问题即可。

4.注意拍摄环境

自拍模式或讲解模式通常应在工作室或家中进行，避免嘈杂环境，也要避免无关人、事、物的出现。

而剧情模式则大多在户外进行，此时，我们就要更加注意拍摄环境的稳定，选择行人较少的时间段拍摄，或安排专人在旁维护拍摄环境，从而增强画面稳定性、提高拍摄效率。

5.控制视频时长

视频号作品有其时长限制，用户对视频时长也有接受上限，因此，我们在拍摄作品时必须控制视频时长，尤其要避免一个镜头的时间过长，以免显得枯燥无聊，影响用户观看热情；与之相对，我们也要避免镜头时间过短，导致画面无法看清或表达不够充分。

6.抓住黄金三秒

短视频领域的一个突出特征就是快节奏，如果一个作品无法在3秒之内吸引用户的话，就会被无情"上滑"。因此，在拍摄完视频之后，我们仍然需要重新审视开头的内容，确保能够抓住用户眼球。

4.2 视频号的画面与音乐如何配合更吸引人

每个短视频都是由画面、语言和音乐共同构成，但在实际体验中，再好的画面和语言，都可能被一首"鬼畜"的音乐所摧毁，甚至很多短视频配乐的第一个音符，就能将用户吓走。

很多时候，配乐都是让视频号玩家非常疼痛的事情，因为音乐的选择其实十分主观。正如我们听歌的喜好一样，音乐没有固定的公式套路，更没有所谓的标准答案，它需要我们根据视频内容、节奏进行选择，但同样需要考虑用户的喜好，如此才能让音乐与画面相配合，充分调动起用户情绪。

4.2.1 选择音乐的基本原则

虽然没有固定的公式套路或标准答案，但在选择音乐时，我们还是要遵循3个基本原则。

1.掌握视频的情感节奏

在拍摄视频内容的过程中，我们就要明确视频表达的主题和传递的情绪，是舒缓解压、轻松搞笑、鬼畜或惊悚？只有确定了视频的情感基调，我们才能进行背景音乐的筛选。

比如，古建筑、风景类视频，适合配上古色古香、大气磅礴的音乐；生活、美食类视频，则适合一些轻快的音乐；心灵鸡汤类视频，则可以采用舒缓的音乐；而游戏类视频，更有激情的"游戏BGM"可供选择。

每一首音乐都有自己独特的情绪和节奏，它们能够让整个画面更加清晰，也让情感的传递更加顺畅。但前提是，我们要明确自己表达的情绪。

2.配合视频的整体节奏

大部分短视频的节奏和情绪，其实都是由背景音乐带动的。尤其是一些常见的视频种类，它们采用的音乐也十分固定，甚至当某个节奏响起时，我们就知道情节要反转了。

音乐的节奏必须配合视频的整体节奏。为此，我们可以在视频拍摄完成后，最好先对画面进行简单的粗剪，对视频内容的节奏进行分析，再根据整体感觉选择合适的音乐。

3.切忌让音乐喧宾夺主

音乐作为背景声，对整个短视频起到画龙点睛的作用，但如果"眼睛太大且闪"，音乐就可能喧宾夺主，反而让用户无法静心浏览画面。甚至在一些讲解类视频中，背景音乐比人声还响亮，这会直接破坏用户的浏览体验。

音乐与画面匹配的最高境界，就是用户尚未意识到音乐的存在就已经受到音乐的感染，也体会到了视频想要传达的情绪。

因此，背景音乐通常为纯音乐或英文歌曲，当用户感受不到内容，就只会感受其中的节奏和情绪。而流行的中文歌曲，却可能造成问题：用户只顾着哼歌了，却忘了看内容。

4.2.2 选择音乐的两个技巧

一般而言，想要做好视频号的画面与音乐相配合，就需要创作者对音乐有敏锐的嗅觉和丰富的经验以及较好的节奏感，因此，创作者平时就需要多听、多想，培养相应的感觉。

但在这种技巧形成之前，我们则可以借助两个技巧，选择恰当的背景音乐。

1."不犯错"的轻音乐

轻音乐的主要特点：包容度高、情感色彩相对较淡、对视频兼容度高。因此，轻音乐是一种"不会犯错"的选择，在我们还不会正确选择音乐时，不妨使用轻音乐作为背景音乐。

以常见的美食类、时尚类和旅行类视频为例，我们可以根据以下思路进行选择。

（1）美食类视频的内容通常十分精致，带给用户治愈的感觉。此类视频就可以选择一些听起来有幸福感或悠闲感的轻音乐，如纯音乐或舒缓温情的歌曲，为用户传递一种温馨愉悦的感觉。

（2）时尚类视频则主要面向年轻用户群体，因此，此类视频的音乐应当具时尚感和活力感，具有流行、摇滚等潮流属性的音乐则更能搭配时尚内容，符合用户喜好。

（3）旅行类视频的内容十分明确，就是要展现世界各地的景、物、人，此时，我们完全可以采用当地的特色音乐，展现民俗气息，或采用大气、有舒畅感的音乐，帮助用户放松心情、感受风景。

2.运用第三方工具

在视频号中发布作品时，系统就会有专门的音乐库可供选择，但对于视频号运营者而言，我们很难在音乐库里逐首试听来选择配乐。因此，我们要学会运用第三方工具，快速查找合适的音乐。如网易云音乐、QQ音乐等音乐软件都有专门的"BGM歌单"，我们可以通过这些歌单来寻找合适的背景音乐。

与此同时，基于众多短视频创作者的配乐需求，如今也已出现专门的音乐素材网站，专门收集各类音乐素材，并有详细的分类，创作者可以根据需求进行选择。

4.3 视频剪辑与制作方法

视频剪辑是视频号作品输出的关键步骤,虽然现在视频剪辑软件已经十分智能,但想要制作差异化、标签化的视频作品仍需要视频号运营者详细掌握作品剪辑的细节与技巧。下面,我们就来分享下视频号作品剪辑的详细流程与注意事项。

4.3.1 设置视频号画面比例的技巧

视频号剪辑的第一个要点是画面比例的选择。打开剪映(或其他剪辑软件)后,点击上传视频便可以将视频素材进行剪辑操作,剪映的视频画面比例在屏幕的下方,如图4-1所示。

图4-1 剪映中视频画面比例的设置位置

剪映中可以选择的画面比例有16∶9（常规横屏）、9∶16（常规竖屏）、1∶1（手机端视频原尺寸）、4∶3（常规电视画面）等，目前视频号中常用的画面比例为1∶1、16∶9、9∶16三种，其中1∶1使用更为方便。

另外，不同画面比例决定着视频的不同分辨率，例如9∶16比例的画面最低分辨率为540×960像素，这一画面比例也可以拍摄720×1280像素、1080×1920像素分辨率的画面。

分辨率越高，视频画质越清晰，运营者可以根据视频制作的实际需求，选择对应的画面比例与分辨率。

4.3.2 如何编辑视频号内容背景封面

视频剪辑的第二个要点为视频背景封面。设置视频背景封面的方法非常简单，只需要简单的四步便可以完成。

①点击剪映"背景"设置选项，如图4-2所示。

图 4-2　剪映"背景"设置选项

②进入"背景"设计界面后,继续点击"画布样式",如图4-3所示。

图4-3 剪映背景设置中"画布样式"选项

③"画布样式"选项中不仅有多种样式的背景可以选择,还可以上传用户自定义的图片,点击"上传"按钮便可以完成操作

④完成自定义背景上传后,点击"应用到全部"便可以让所有画面使用上传的图片作为背景。

4.3.3 如何设置视频号字幕

视频剪辑的第三个要点为字幕设置。字幕设置的具体操作流程如下。

①点击剪映中"文本"选项,如图4-4所示。

第四章 真实的，才最吸引人：视频号内容创作技法

图 4-4 剪映中"文本"选项位置

②进入"文本"选项后，点击"识别字幕"选项，如图4-5所示。

图 4-5 "文本"中"识别字幕"选项位置

③点击"识别字幕"后会出现"开始识别"的提示。

④之后剪映会对视频拍摄过程中人物所说的话进行识别，完成识别后我们点击需要编辑的文字，文字便会出现在屏幕中央。点击字幕框中的文字，还可以修改其中的字词。

⑤点击字幕框中的文字后，剪映下方还会出现关于文字字体、颜色、字号的各种设置选项。根据画面内容选择适合的选项完成视频号字幕的设置。

4.3.4 如何创建视频号内容文案主题

视频剪辑的第四个要点为文案主题。文案主题的设置流程具体如下。

①点击剪映下方的"文本"选项。

②进入"文本"选项后，点击"新建文本"，如图4-6所示，之后便可以在文字框内输入作品的文字主题。

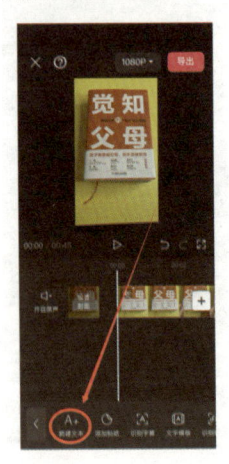

图4-6 剪映"文本"中"新建文本"的选项位置

③ 添加好视频号文字主题后，将主题文字的位置移动到视频合适位置，如图4-7所示。

图 4-7　将作品主题文字放在合适位置

④ 点击添加完成的文字文本，将其长度拉伸至与视频长度相同，如图4-8所示，这样才能确保视频播放过程中，主题文字一直可以显示。

图 4-8　根据视频长度设置作品主题的显示时长

4.3.5 如何添加画中画

视频剪辑的第五个要点为添加画中画。画中画是配合视频内容，提高作品展示效果、内容讲解效果的重要工具，其具体设计流程如下。

① 点击剪映下方的"画中画"选项，如图4-9所示。

图 4-9 剪映"画中画"选项位置

② 点击"画中画"后，可以看到"新增画中画"的选项，点击后便可以插入我们需要在视频中展示的图片或视频了，如图4-10所示。

图 4-10 "画中画"中"新增画中画"选项

③ 上传好"画中画"视频后，我们可以继续选择点击"动画"选项，进行"画中画"展示效果的设计，如图4-11所示。

图 4-11 "画中画"中"动画"选项位置

④ 在"动画"选项中，有三个画中画设计选项，分别为入场动画、出场动画、组合动画。其中入场动画用于设置画中画入场时的效果；出场动画用于设置画中画消失时的效果；组合动画用于设置画中画的组合效果。

⑤ 设计"动画"效果时，无论选择怎样的入场、出场方式，运营者却可以设置动画的时长，如图4-12所示。这样在提高画中画展示效果时，不因动画效果影响画面内容。

图 4-12 设置动画的时长

4.3.6 视频号剪辑的注意事项

最后，我们将本章视频号剪辑过程中的注意事项与个人经验总结如下。

① 比例：1∶1，或者16∶9，顶部放主题文案。

② 背景：画布样式可以选择自己设计的背景，也可以选择软件提供的画布颜色。

③ 文本：识别字幕即识别视频素材中的语言。

④ 音频：选择添加喜欢的音乐，但音量不能过大。

⑤ 画中画：新增画中画，选择上传相册照片到视频当中。

⑥ 分割：剪切多余的音乐或者视频及水印等。

⑦ 剪切编辑软件：剪映，抖音官方出品，秒剪等。

4.4 什么样的封面与标题才更吸引人点开

视频号头像、名字、简介决定了用户对账号的第一印象，用户在观看视频号的作品，但观看作品之前，作品封面的品质会直接影响用户观看作品欲望。因此，设计引流效果突出的封面是视频号运营者必须完成的工作。

目前，视频号作品封面类型主要分为以下几种。

1.人物类封面

人物类封面是指以作品中人物做封面的类型，因为人与人之间容易产生情感传递，所以人物类封面更容易被用户认可。颜值高、有权威性的人物更容易得到用户认可，并提高用户观看作品的欲望。

2.场景类封面

场景类封面是指以作品相关场景做封面的类型，这类封面用于突出作品内相关场景的价值，比如热闹的氛围、优美的风景等。场景类封面的优势是加强作品的代入感，容易让用户对作品产生共鸣。

3.情节类封面

一些以剧情为主要内容的视频作品往往会选择关键情节作为封面，这类封面可以产生强烈的悬念感、冲突感，引发用户猎奇心理，从而提升作品的观看欲望。

4.情绪类封面

情绪类封面也可以视为人物类封面的一种，但封面重点不是人物本身，而是人物或事物附带的情绪。情绪类封面可以引发情感共鸣，烘托作品氛围，让用户提前产生一种潜在情绪，令作品能够产生更强烈的视觉刺激。

4.4.1 视频号作品封面设计四大注意事项

不同类型视频号输出的作品不同，其封面设计技巧也存在差异。但无论哪种类型的视频号，作品封面设计之前都需要了解4个关键注意事项。

1.用户会在视频号作品封面位置停顿1~3秒，通过这段时间，作品封面亮点可以充分发挥作用。

因为时间限制，所以作品封面要在最短时间内发挥最大作用。即通过作品封面传递给用户最有价值的信息，令用户对作品产生深入了解的欲望。

2.明确视频号定位后，作品封面须具有统一性。

高端视频号玩家的后台作品一定是有调性且风格统一的，如图4-13所示，统一的作品封面可以提升视频号的专业感。

图4-13 视频号作品封面的统一性

3.封面的内容需要提炼出核心关键词。封面字体尽量统一颜色,最多不能超过3种颜色。

提炼封面的核心关键词是为了帮助用户第一时间了解到视频作品的关键内容,字体颜色尽量统一是为了提升用户对作品的专注度,以及作品自身的鲜明标签。

在这两种基础上,视频号封面才有更大的触动性,用户点击的欲望才会不断提高。

4.封面设计要用心,图片要精细、精美、有惊喜。

用户最讨厌图像不清、图片粗糙的封面,这类封面会令用户对作品点击的欲望大幅降低。因此,运用者需要在封面设计时最大化提升封面的品质,从精细、精美、有惊喜三个角度提高封面质感。

（1）精细。精细是指图片质量清楚、图片中每一个细节都能够清楚展示。

（2）精美。精美是指封面的画面感突出，细节处可以体现出美感或时尚感。

（3）有惊喜。有惊喜是指封面尽量拥有内涵，用户透过封面可以产生更丰富的情绪与联想。

对应封面设计的4个关键注意事项，笔者总结了4项封面设计技巧，现分享如下。

1.突出人物特点

人物封面可以通过人物形象、人物动作、人物情绪突出内容。比如，丰富的人物表情可以令用户产生精彩情节的联想，严谨的人物表情可以提升用户对作品内容的认可度与信任度。所以，以人物图像为封面的作品一定要突出内容特点，令用户认可人物的同时联想到视频内容。

2.提升用户点击欲望

通过作品封面提升用户点击欲望的方式非常常见，比如在封面中设计一些有悬念的情节、人物表情或文字，都可以提升用户的点击欲望。其精髓在于封面内容可以令用户产生共鸣。

不同类型视频号的作品封面风格不同，但一定先清楚账号领域定位，了解粉丝特性，才能够设计出共鸣感强的作品封面。

3.善用场景图片

场景封面也是现在常见的封面类型，但并非所有场景封面都有良好的引流、点击效果。场景封面的设计讲究两点。

（1）匹配性。匹配性是指场景与人物的匹配、场景与情节的匹配，且匹配后能够带给用户更多触动。比如，输出怀旧风格作品的视频号，封面场景不仅要有年代感，更需要有回忆感，有共鸣感。

（2）鲜明性。鲜明性是指场景风格鲜明独特。比如，讲师富有感染力的课堂氛围，场景图片不仅要突出人数、更要突出活跃度。

4.善用文字或图示

图片搭配文字才能够发挥最大的信息传递作用，图文搭配过程中运用不同的技巧可以起到不同的效果。

（1）图文尺寸搭配。封面文字尺寸要与图片进行匹配，并非文字越大，信息传递越到位，文字的作用在于辅助封面主体，让主体信息传递更准确、全面。如果文字尺寸大于封面主体，则会起到相反的效果。

（2）文字与景深巧妙搭配。图文搭配要突出封面的层次感，因此文字与景深之间的关系要把握巧妙，主要原则为文字位置不能影响景深，即添加文字后图片主体的层次感不受影响。

（3）文字内容与图片匹配。文字内容作为辅助封面主体传递信息的主要工具应该起到以下几点效果。

① 创造悬念。

② 突出主题。

③ 传递信息。

4.4.2 人设视频封面的设计与使用

大多数视频号作品选择人物封面的主要目的是突出运营者的人设，这类封面也被称为人设封面。人设封面具有较强的视觉冲击效果，能够令用户对视频号运营者产生深刻的印象，且有利于在视频号中传播。人设封面设计有两个重点。

1.突出真人

突出真人是指在封面设计过程中以真人图片，并搭配适当的文字描述，强调人物特点、作品特点、人物资质等信息。

2.突出话题内容

突出话题内容并非指直接进行话题描述，而是通过人物与文字的巧妙配合提升作品的话题性。比如"人性营销第一人程鹏如何在2个月内做到成交1000万"，这类封面既有悬念，也能够突出人设高度。

人设封面看似包含的元素简单，但设计高端的人设封面需要使用一些设计技巧，主要方法有以下两种。

1.粗字体+对比色

粗字体+对比色可以突出封面文字的视觉冲击感，加深封面主体印象，这种方式既能突出运营者自身，又有强调作品内容的效果。

2.人物主体的设计逻辑

人设封面的主体一定是人物，如何在封面中突出人物成为封面设计的关键。人设封面设计需要用更具有想象力、更容易被视觉接受的方式进行人物突出，想达到这种效果需要我们按照以下的逻辑进行思考。

（1）初步勾画。初步勾画是指根据人物形象与当代流行的表现方式进行结合，以人物自身为中心进行不同风格的对比，从而产生鲜明的形象感。

（2）对比取舍。很多时候一张人设图封面需要在多种风格的图片中选择，这时就涉及了对比取舍的问题。人设封面设计也需要多做"减法"，在多种确定的图片中结合视频号领域特点、粉丝特点进行取舍，中心原则为选取粉丝喜欢的图片，而不是选择自己喜欢的图片。

（3）初步优化。初步优化是指在基础图片上进行基础美化，对文字进行初步排版，确定人设封面的雏形。

（4）思考创新。人设封面的设计需要我们借鉴大量的资料，但最终成形的封面一定要具有自己的特色，这需要在图片初步优化基础上思考创新，即在图片中加入独特的元素，从而提升人设封面的标签性。

4.4.3 美食、服装类视频号封面的设计与使用

美食类与服装类是视频号当下发展速度惊人的两大领域，这两大领域视频号的封面特点十分鲜明，现在我们就来分析一下美食、服装类视频号封面的设计与使用，以求从中学习到视频号封面的设计技巧。

笔者通过对上百个美食类、服装类视频号进行研究，总结得出了以下几种封面设计技巧。

1.以美食效果图做封面

美食效果图最能勾起用户食欲、刺激用户眼球，所以这种封面设计方法也是当下最常用的美食类封面设计方法。

这类令用户产生食欲的封面自然也能够提升用户的点击欲望，进而提高用户对视频号的关注度。

2.增加美食意境

增加美食意境是指将美食与环境进行融合，进而提升对美食的欲望。

这类美食封面常用于一些常见美食制作当中，将美食与情怀、情感进行连接，进而提升美食的外观品质。

3.巧用色彩

色彩是突出食材、美食天然性的主要工具，如图4-14所示，巧妙的色彩搭配可以提高美食的吸引力。

图 4-14　巧妙色彩搭配的美食封面

正常情况下，越简单的美食或食材对色彩的运用越丰富，这便是色彩提高美食价值的主要方式。

4.明星同款

明星同款封面是美食、服装领域中最常见的设计方式，明星同款美食、服装受欢迎程度往往更高。

这类封面往往受认可度更高，且用户的点击欲望更高，但视频号运营者需要把握明星同款的真实性，否则很容易带来相反的效果。

5.模特出镜

服装类视频号作品常用的封面类型之一便是模特出镜，通过模特展示服装穿着效果来提升用户的点击欲望。

模特出镜类封面比单纯衣服产品封面更受欢迎，因为用户可以根据模特身材及穿着效果了解服装特点，以此决定是否购买。

4.4.4 撰写文案的两个思路

文案虽然在视频号动态页面中占比很低，但其重要性却极高。在短视频创作领域，甚至流传着这样一个说法："一个成功的作品，文案比拍摄还要重要，70%的短视频火在文案上，20%的火在音乐，拍摄仅占10%。"这种说法虽然有所夸张，但文案的重要性由此可见一斑。

然而，如何写好一个文案，是令无数创作者头疼的问题。当他们做好内容策划、完成视频拍摄与剪辑，做好配乐，却难在了最后一步——如何写文案才能更勾人？

在撰写文案时可以遵循3个思路进行。

1.让用户感同身受

文案发挥作用的一个重要方法，就是直击用户内心，针对用户的需求，给予"致命一击"。从这个思路出发，视频号发布文案的撰写应该考虑以下细节。

（1）满足用户需求，或与用户紧密相关，这就需要创作者能够洞察生活细节。

（2）具有画面感，可以多使用动词或断句，来营造相应的画面。

（3）寻找共鸣点，抓住用户的痛点或用户关心的谈资。

（4）多用"我"和"你"，拉近双方距离。

（5）角度要新颖、观点要突出、态度要鲜明，与同类作品形成区别。

2.用新鲜抓住眼球

人们总是对新鲜的事物更感兴趣，尤其是在信息快速刷新的短视频平台，当同类信息泛滥成灾时，一条新颖独特的内容，当然更能抓住用户眼球。

从这个思路出发，我们可以尝试在文案中写出一条"大新闻"，如首度、首次、领先、终于等字眼，通常更能激发用户的好奇心。

例如，"饭店后厨首次曝光，大厨教你怎么做好家常菜"，这样一个标题，就能吸引很多热爱烹饪的用户；在此基础上，我们还能更进一步，加上一句"大家在家做的时候，可以@我，我会给你点赞，并给出指导点评"，吸引用户评论互动。

3.过目不忘的语言

为了便于视频传播，创作者可以在文案中融入一些令人过目不忘的语言，让用户感到新奇、乐于互动。基于这样的思路，我们可以从两个方面着手。

（1）生动、幽默、诙谐的语言，可以使文案显得更加活泼俏皮，进而营造创作者"会说话"的人设。

（2）恰当的修辞，或是"谐音梗"，则能给用户留下回味，甚至激发用户"拼梗"的热情，在评论区发挥自己的才智。

4.4.5 勾人文案的5个技巧

基于前文所述的3个思路,创作者想要撰写出吸引人的文案,一般可以采取以下5个技巧。

1.总结类文案

"十大""合集""榜单""盘点"等总结类文案,总是能够轻易吸引用户眼球。这样的文案,其实就是在激发用户的好奇心,尤其是用户对该领域有所了解时,他就会更加好奇究竟有哪些可以上榜,或是如何一次获取重点知识,如"夏日减脂合集",总是能够吸引希望瘦身塑形的用户。

2.数字类文案

借助明确的数字,我们可以切实告诉用户:他们通过观看这个作品可以获得什么。比如1分钟学会5个小技巧、3个让你打造爆款视频的方法、1分钟学会发布文案等,这样的文案站在用户的角度明确"成本–效益",成本是1分钟、效益是5个小技巧,那么用户自然愿意投入这样的成本。如"1分钟理解资本公积",这样快速获取知识的作品,对于财务相关用户自然具有极强的吸引力。

3.对比类文案

对比类文案就是通过强烈的对比,给用户造成极强的冲击性,并保持一种神秘感,让用户有兴趣探究这种对比的结果。比如月"薪3千和月薪3万有什么区别""平价口红哪里比不上大牌口红",类似标题就能让用户对此产生浓烈的兴趣。如"明星和网红带货的区别",这样的文案将引起很多直播带货博主的兴趣。

4.悬念类文案

此类文案是通过为什么、怎么做等问题，在文案中留下悬念，让用户带着思考和疑惑去观看视频，一旦视频能够给用户恍然大悟的感觉，用户就会积极参与评论。如"如何改掉拖延症"无疑是很多人经常遇到的问题，而这个视频将给人们带来答案。

5.假设类文案

假设、如果……通过设置更具戏剧性的假设，我们可以用一种不确定性来引导用户畅想，而当创作者的创意比用户所想的更具特色时，用户就会感到不同的趣味。如"假如文具是奢侈品，你都有哪些家当"，这样的畅想，会让每个用户想要在评论区对自己拥有的文具"如数家珍"。

4.5 如何才能巧妙留下钩子

从视频号的展示设计就能看出，在其推广逻辑中，用户互动的重要性不容忽视。用户的每一次点赞、评论，都将为视频带来更高的推广权限，使作品进入更高的流量分发池。因此，从视频号内容开始，我们就要做好互动性内容的设计。

4.5.1 互动性内容的设计方法

视频号的重心就是在公域流量中撬动私域流量，也即与用户建立社交关系，而社交关系的形成，必然基于频繁的互动。

1.通过内容产生的互动

基于社交关系的形成过程，我们还要明白，通过短视频建立社交关系，实际上是一种通过内容产生的、一对多的互动过程。此类互动关系实际又可以分为4类。

（1）展现自我，比如自我介绍、展示生活等，让用户通过视频内容了解创作者。

（2）表达情绪，比如表白、撒娇、问候等，向用户传递创作者的情绪。

（3）引导参与，比如设置问题、挑战等内容，引导用户参与视频内容。

（4）分享见闻，比如经历、景色、趣事等，以分享的心态向用户传递内容。

在设计互动性内容时，创作者必须明白，内容只是载体，互动才是本质。

2.互动性内容的5个要素

互动性内容的有效设计，必须关注5个核心要素。

（1）确定的社交对象，即建立视频号的人格特征，用户只会与人互动，而不会和一台机器互动。即使我们是向用户分享关于他人的趣闻，我们也要融入自己的感想，从而明确自己的人格属性。

（2）确定的情感表达，内容中的所有情绪或思想等主观内容，都应当属于创作者个人。

（3）确定的表达对象，我们始终是在向自己的目标用户表达，不是自说自话。而在互动关系的表达中，我们则要注重口语化，避免采用"您""本宝宝"等词汇。

（4）确定的内容元素，在一对多的互动关系中，我们仍然要关注内容这一载体的重要性，要有主题、有内涵。

（5）确定的互动元素，无论是语言互动、行为互动还是思想互动，我们都要在内容中融入确定的互动元素，并对用户的参与做出反馈，比如感谢、点赞、评论等，从而激发用户的持续互动。

4.5.2 强化互动效果的3个小技巧

在设计互动性内容的同时，创作者需要注意3个小技巧的运用，来进一步强化互动效果。

1.字幕

如果视频内容中有大量内容输出，创作者则应适当为视频添加字幕，确保视频内容的信息更方便吸收，尤其是互动信息，以免用户因听不清而无法接收到创作者的引导。

在使用字幕时，创作者也应注意两个要点。

（1）字幕风格应符合内容类型，或俏皮可爱，或商务正式，必须与视频风格相符。

（2）字幕大小、位置则要恰当，在保证存在感的同时，既不能遮挡视频内容中的关键信息，如人物、产品等，也不适合使用过于夸张的特效。

2.引导关注符号

创作者可以在视频内容中添加引导关注的符号，从而提升互动率和关注率。该符号一般是箭头，指向账户名，色彩应当与视频内容有一定对比度，但尺寸不宜过大。

3.浮评

浮评是一大亮点，在视频最下方浮动播放的评论，不仅能够为视频增加互动性，也是拉近用户距离的重要工具。

在设计视频内容时，我们应在底部留出相应的空间，避免浮评遮挡视频内容，也避免视频模糊了浮评内容。

4.5.3 引流的3个核心思维

当我们创作了一个长一点视频内容时，我们就必须考虑到该如何吸引用户看完后续完整内容。此时，前面内容的设计就尤为重要，如果我们无法用很短的时间吸引用户，让用户产生看下去的兴趣，那么后续内容再优秀也毫无价值。

为此，我们在设计引流内容时，可以遵循3个思维。

1.增加代入感

用1分钟的内容增加用户代入感，让用户感到后续内容与自己有关，他们自然会用心看下去。

比如戒烟类视频，创作者可以用55秒的内容说明吸烟的危害，并在最后5秒点出"如果你老公爱抽烟，你一定要这样做……（请观看完整视频）"，如此一来，有相关困扰的用户自然会看下去。

2.引发好奇心

从用户好奇心出发，我们也可以用这1分钟为用户设置悬念，或提出疑问，让用户对后续内容产生兴趣。

比如"他曾经叱咤娱乐圈，如今却乞讨度日"，在视频的前1分钟，我们可以表现这位明星的相关信息，比如作品、奖项、八卦等，但不要透露他的真实身份，从而引导用户观看后续内容。

3.利用人性弱点

视频创作往往是一种人性的博弈，创作者必须懂得利用人性弱点，调动起用户情绪，让他们产生观看热情。

（1）傲慢。创作者可以表现得较为傲慢，比如"我为什么放弃百万年薪来做视频号"，用户会觉得创作者有干货，因而想继续学习借鉴，也可能想要驳斥创作者，因而想寻找驳斥的论点。

（2）嫉妒。创作者可以引起用户的嫉妒心理，比如"跟我一起毕业的朋友，工资是我10倍"，每个用户身边可能都有这样成功的朋友、同学，他们的心底或许也会嫉妒，而这种情绪将随着这个视频持续释放。

（3）愤怒。用户在生活中可能遇到过各种令人恼火的情境，但最终都忍气吞声，创作者则可以代替用户来做出正面应对，给用户"爽感"，比如"楼上每天深夜跳神，沟通了多次都不改，我决定……"。

（4）懒惰。筛选并获取信息需要投入时间成本，系统地学习知识也需要投入精力，但懒惰却是很多人的共性，因此，创作者就可以帮助用户节省时间、精力，比如"十分钟带你了解时下热点""你还在为那些看不懂的新词而困惑吗"。

（5）贪婪。贪婪同样是人们常有的人性弱点，面对用户想要以更低成本获得更大收益的心理，创作者则可以通过"这些副业，让你一个月多赚一万"，在1分钟的预告里，展现你目前的生活状态，从而引起用户的贪婪情绪。

4.5.4 引流的12个小技巧

视频号长视频的引流内容，几乎都离不开我们在4、5、3中提到的3个思维，而在具体设计中，我们则可以借鉴这12个小技巧，让引流效果增倍。

（1）蹭知名度。虽然"鲁迅：我没说过"已经成为网络热梗，但在实际创作中，借用名人的知名度、用名人背书，仍然不失为一种引流的有效技巧。

（2）使用痛点词。比如穷、丑、胖等词汇，虽然伤人，但直击用户痛点，如果我们能在后续给出解决方案，那就能发挥欲扬先抑的作用。

（3）使用热点词。如行业热词、互联网热词的运用，能够塑造视频时效感，引起用户兴趣。

（4）颠覆认知。比如"你穷是因为你喜欢存钱""老板不给你加薪，是因为你跟他关系太好"，这类颠覆用户传统认知的内容，更能引发用户好奇。

（5）承诺利益。用1分钟向用户发出承诺："看完这个视频，你会得到……"

（6）具体场景。通过演绎某一个具体场景，使视频内容与场景相关联，从而引起相关用户的兴趣，比如"昨晚给孩子辅导功课，气得把桌子都掀了"。

（7）伪装通知。如通知、号外、消息、紧急提醒等词汇，容易吸引用户眼球，但在使用时要注意避免违规。

（8）亲切感。站在朋友的角度与用户对话，营造亲切感。

（9）"损失规避"效应。相对于收货背后潜藏的风险，用户对损失更加敏感，比如"过了明天，你就领不到这5000元补贴了"。

（10）细节描述。借助各种细节的描述，如具体的人、事、动作，以及明确的数字，在用户心中构建画面感，比如"4点采摘，7点送达""把300部高清电影装进口袋里"。

（11）调动情绪。想方设法调动起观众的情绪，为此，我们可以使用更为抒情的表达方式，比如"孩子喜欢的，不是一个完美的妈妈，而是一个快乐的妈妈"。

（12）真诚。真诚是通往用户心中最好的套路，与其夸夸其谈，不如表现真诚，比如"虽然我不能承诺一百分百成功，但我会把所知的一切都讲给你"。

第五章

讲策略，用数据说话：
视频号推广与流量运营

5.1 视频号推广渠道与方法

视频号的推广，大体上可以从视频号站内和视频号站外两个角度去思考。不过核心目的都是视频号增加曝光，吸引更多粉丝。

5.1.1 视频号内引流与推广

视频号内引流的方式有以下几个：

1.原创视频引流

对于具备视频制作能力的运营者而言，原创视频引流构成了一种高效且富有成效的策略。我们可以将精心制作的原创视频发布至微信视频号平台，并通过优化账号资料部分，如昵称、个人简介等，巧妙植入联系方式，以吸引潜在用户的关注。在此过程中，请务必避免直接标注"微信"字样，可灵活采用拼音简写、同音字或相关符号等替代方式，以确保合规性。比如，在账号简介里写上地球号：×××，这样就能为视频号引流。

2.开直播

直播在运营者的策略中占据举足轻重的地位。首先，它为运营者提供了一个直接销售商品、实现变现的渠道。其次，直播作为一种高效的引流手段，对于提高运营效果具有显著作用。运营者可以利用微信视频号进行直播活动，一旦粉丝在直播过程中点击"关注"按钮，便会自动转化为该账号的粉丝。

在微信视频号的直播过程中，粉丝仅需轻触界面左上方显示的账号名称及头像区域，即可迅速跳转至运营者的视频号主页。在主页上，粉丝可以选择关注该账号或与其进行互动，以此深化粉丝与运营者之间的联系。

此外，粉丝通过点击直播界面的右上角，可以选择关闭当前直播或进入"更多"界面。在"更多"界面中，粉丝不仅可以将直播间分享至微信朋友圈或发送给好友，扩大直播的影响力，在发现视频号的直播间存在违规情形时，也能通过该界面进行投诉和举报，共同维护良好的直播环境。

3.去其他账号发评论和回复评论

在视频号短视频的运营过程中，评论区扮演着重要的角色。众多粉丝在观看视频时，常会浏览评论区的内容，以获取更多信息或参与讨论。若视频内容吸引观众，粉丝亦可通过@他人的方式，邀请其他粉丝共同观看，从而提升视频的曝光度。因此，合理运用评论区，对于运营者来说，是提高引流效果的有效途径。

此外，视频文案是有局限性的，部分内容可能需要通过评论区进行补充。此时，运营者可以利用自我评论的方式，进一步阐述视频内容，丰富观众的观看体验。在视频发布初期，由于观看和评论的粉丝数量有限，运营者的自我评论还能在一定程度上提升视频的热度。

除了自我评论补充信息外，运营者还需积极回复粉丝的评论，解答疑问，引导情绪，以持续引流。不过，也要注意几个问题，比如回复要及时，要注意敏感词等。否则，评论引流的价值就会大打折扣，甚至得不偿失。

4.互推引流

互推引流其实很常见，不管是做公众号，还是做视频号，互推都是很重要的一个引流方法。

在微信视频号平台上，大多数短视频账号通过精心运营均会积累一定数量的粉丝，然而，对于众多运营者而言，粉丝基数可能尚未达到期望的规模。在此情境下，运营者可以积极采取与其他视频号进行互推的策略，通过此种方式提升账号的曝光度，进而扩大传播范围，以吸引更多的流量。

在微信视频号平台中，互推的方式丰富多样，而其中一种直接且有效的策略是在视频文案中相互提及，即@对方账号，使观众在浏览视频时能够直接关注到被提及的账号。对于运营者而言，这是一种实现双赢的账号引流策略，借助互推，运营者有机会将对方的部分粉丝转化为自己的粉丝。

如果是自己运营的矩阵号，通过互推，还能互相导流，两个账号间也能建立高度的信任关系。

5.添加话题

添加话题这个功能在自媒体平台非常普及，通过添加话题，能增加曝光和被推荐的概率。

在发布内容的时候，发布页面有添加话题的选项，点击 #话题，如图5-1所示，就可以在视频发布文案中插入话题，话题可以是自己设定的，也可以使用推荐的话题。

图 5-1 添加话题

对于微信视频号的运营者而言，添加话题的操作确实相对简便。然而，为了吸引更多微信视频号粉丝积极参与并对话题产生兴趣，运营者需采取策略确保话题的吸引力。为了实现这一目标，运营者可以优先选择添加当前的热门话题，或者在单一微信视频号内容中同时融入多个热门话题。这样，粉丝在搜索特定话题或多个相关话题时，均有可能浏览到运营者所发布的短视频，从而增强内容的曝光度与粉丝的参与度。添加话题要注意话题贴合你的视频，并且不涉及敏感词。

6.转发

转发自己的视频到微信群、朋友圈、好友微信等，都是不错的引流方法。特别是微信群，转发时再加几句比较妥帖的文案，会起到很好的引流效果。

7.发起或参与活动

视频号可以发起活动,或者参与别人发起的活动,可以点击发起活动,自己设置活动,如图5-2所示。也可以通过点击参与活动,进入别人设置的活动中,增加账号曝光量。

图 5-2　发起活动或参与活动

8.插入链接

为实现微信视频号与微信公众号的无缝连接,微信视频号平台特别引入了"扩展链接"功能。此功能允许微信视频号运营者在发布的内容中,嵌入微信公众号的文章链接,从而增强内容的互动性和传播效果。

如图5-3所示，可以复制公众号文章链接，点击公众号文章选项，进入后粘贴链接，就可以添加成功了。视频号发布后，左下角会显示链接，粉丝看到视频后可能会点击链接进入公众号文章。公众号文章中可以设置相关的引流信息，进而留住粉丝，使其成为我们的私域用户。

图 5-3 添加公众号文章

我们也可以将视频号嵌入公众号，实现双向流量的打通。具体嵌入方式如下：

（1）登录微信公众平台。

（2）进入图文编辑页面，在功能栏找到"视频号"选项，如图5-4所示。

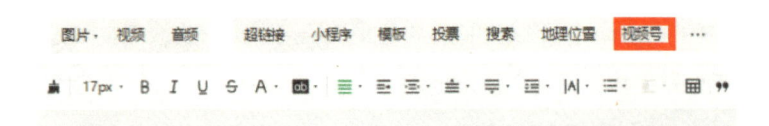

图 5-4 将视频号嵌入公众号

（3）点击"视频号"，输入视频号账号，找到想要添加的视频内容确认。

这样一来，我们即可通过公众号完成视频号的嵌入。一篇公众号文章可插入的视频号动态上限是10条。添加完成后，用户点击相应视频号卡片，可直接跳转到视频号页面，再点击头像即可进入主页关注视频号创作者。如果我们的公众号已经积累了较多粉丝，那么就可以通过这种方法，将他们快速引流至视频号，实现视频号粉丝的快速增长。

5.1.2 视频号外引流推广

仅仅在视频号内部进行内容创作和分享已经不足以满足日益增长的营销需求。视频号外引流推广可以为我们带来更广阔的营销空间和更高效的流量转化。

视频号外引流推广的关键在于跨平台的整合与协同。我们需要利用其他社交媒体平台、官方网站、线下活动等多种渠道，将视频号的优质内容传播出去，吸引更多的潜在用户关注和参与。

1.微博、抖音等平台

可以利用微博、抖音等社交媒体平台的强大影响力，将视频号的内容进行二次传播。通过在微博、抖音等平台发布视频链接或短视频片段，引导用户点击跳转到视频号观看完整内容。同时，我们还可以与社交媒体平台上的意见领袖、网红等合作，邀请他们转发、分享视频内容，进一步扩大传播范围。

2.官网

如果我们有自己的官网，可以将视频号的内容嵌入官网中，作为品牌展示和营销的一部分。通过在官网首页、产品页面等位置放置视频链接或嵌入视频播放器，让用户能够更方便地观看视频内容，了解品牌故事和产品特点。同时，我们还可以在官网中设置专门的视频专区，集中展示视频号的优质内容，优化用户的观看体验、增强用户黏性。

3.线下活动

我们可以利用线下活动进行视频号外引流推广。通过举办发布会、展览、路演等线下活动，将视频号的内容展示给现场观众，吸引他们的关注和参与。同时，我们可以在活动现场设置二维码或链接，让观众能够扫描或点击跳转到视频号，了解更多相关信息和互动。

4.其他平台引流

站外引流的方法很多，不过都比较琐碎，需要我们有足够的耐心。比如，在有很多年轻粉丝的QQ平台上，可以设置引流信息；在百度平台上，百度名片、百度百科、百度贴吧等，都可以留下引流信息；一些视频网站如优酷、腾讯视频等，在评论区也可以留下引流信息。

引流的渠道和平台不一而足，核心目的都是留下引流信息，吸引粉丝。

　　视频号外引流推广不仅能够提高品牌的曝光度和知名度，还能够吸引更多的潜在用户关注和参与。通过跨平台的整合与协同，我们可以将视频号的优质内容传播到更广泛的受众群体中，实现更高效的流量转化和营销效果。在未来的数字化营销中，视频号外引流推广将成为品牌不可或缺的一部分，为品牌增长注入新的动力。

5.2 视频号的头部和底部的信息引流

想让视频号快速涨粉,就要让网友在短时间内了解到账号的信息是什么,作品传达的主题是什么。我们需要多利用视频号的头部和底部栏,做好信息的推广与营销。

5.2.1 视频号头部的建设

建设视频号头部,我们需要做好以下几点。

1.言简意赅说明定位

用简洁的描述,说明账号的定位,包括账号本身的名字,"搞笑幽默×××""职场技巧××××""户外体验达人××××""××××产品首席体验官"等。视频号头部无法展现过多的文字,所以我们需要通过精简的文字,让用户在几秒钟内立刻知道我们是谁,我们在哪个垂直领域进行深耕。

部分视频号运营者往往忽视这一点,没有进行任何定位的展示,结果网友看到某条有趣的短视频会转发、点赞,但就是忘记了主动关注。网友无法快速获知这一账号的具体定位,没有产生强烈的兴趣吸引力,结果浪费了视频号快速涨粉的机会。

2.积极加V,获得身份认证

加V,意味着账号本身获得了微信官方的认证,它是个人或企业的一个名片，可以视为平台给用户定标签的证明。个人视频号为黄V，企业视频号则为蓝V。

有了加V，不仅意味着身份的确认，更意味着影响力的传播。加V会给网友带来可信度：有微信官方为这个账号背书，那么它就是值得关注的。

那么，我们该如何实现加V，扩大影响力？

（1）个人认证。具体的认证方法，前面已经有介绍。

（2）企业认证。相对个人认证，企业认证的流程更加简单。但前提是已经拥有经过认证的企业微信公众号。按照流程，企业认证就可以快速通过。

无论是个人认证还是企业机构认证，一个视频号每年只有两次申请认证机会，两次修改机会。所以，在申请前一定要对照平台的要求，分析账号是否达标，不要冒失地认证却被连续两次拒绝，导致账号最终无法实现认证。

5.2.2 视频号底部的建设

相对于视频号头部区域，底部区域可以展现更多的文字，所以我们要加以利用底部区域的文字内容加速信息的传播。

1.阐述作品主题

简要阐述作品是什么，主题是什么，会给人带来怎样的体验。建议尽可能使用金句的方式，一句话让人产生情感共鸣。

午夜时分，这些经典的音乐最适合疗伤……

面对咄咄逼人的老板，不能坐以待毙！

你在抱怨世界，世界也正在抛弃你！

······

这样的金句足够简洁有力，可以瞬间击中有共同情感的网友。所以，当他们花了一秒钟读完作品信息时，就会主动停留在这个页面，欣赏完我们的作品，并进行评论、转发和关注。

2.巧用话题标签

视频号提供了话题标签功能，在作品描述区可以增加以"#话题"为形式的话题。话题的作用，就是给作品贴上标签，如果网友对相关话题的兴趣度较高，那么这则视频推送至他的推荐栏的可能性就会大大加强。所以，一定要结合作品本身内容，增加话题标签，如图5-5所示。

图5-5 某视频号的作品

可以看到，图5-5这段视频，添加了"搞笑""爆笑""四川话""配音"等多个标签，这些都是这则视频内容中包含的元素，所以受到了关注该类话题网友的喜爱，进而该视频的点击率、时长停留率、评论率、转发率、收藏率都有较好的数据。

5.3 如何利用点赞、分享、评论提升曝光

每个视频号玩家都知道互动的重要性，如点赞、分享、评论等互动方式，这些方式不仅是我们与用户交流的重要渠道，更是系统算法逻辑的重要参数。也就是说，当我们得到越多的"点评转"，我们的作品就能在系统的推荐下触及更多用户，进而得到更多的"点评转"。

从互动含义上来说，点赞表示用户的喜欢，分享表示用户的认可，评论则代表用户的表达欲望。因此，一个足够优质的视频，就能够激发用户主动的互动，然而，作为视频号玩家，我们不能只等待用户主动，而应主动引导用户互动，从而推动作品传播。

5.3.1 剖析用户心理，构建执行意向

很多视频号玩家都曾有这样的疑惑：为什么我的视频这么好，却不能成为爆款？那些内容一般的视频，却可以轻松点赞破万、成为热门？

点赞量是视频号算法的核心指标，也是视频号社交化传播的重要依据。简单而言，越多的用户点赞，我们的作品就越容易出现在更多用户的朋友圈，并得到视频号算法的认可，最终成为热门。

而要解决点赞量的问题，我们就要掌握一个公式：执行意向=如果怎样+那么怎样=困难程度×驱动方式×人格特质。这其实也是短视频推广乃至营销推广的通用公式。

1.执行意向：主动引导用户点赞

我们一般可以将人们做出行为的意向分为目标意向和执行意向两种，前者只是说明了要达成怎样的目标，后者则是指特定情况下执行意向的确切行为。

例如，"下个月体检"就是一种目标意向，"下个月15日早上在第一人民医院体检，需空腹，需2小时"就是一种执行意向。当我们只有目标意向时，该事件不发生的概率就很大，下个月的体检很可能会被拖延甚至取消；但在执行意向的引导下，我们会尽量安排行程，在下个月15日早上完成体检。

这就是执行意向的意义。但在视频号里，很多创作者只是简单地号召用户"请多多支持"，这种话术建立起来的也必然是简单的目标意向，用户可能只是心里想着"支持他"，行动却是顺手就上滑，去看下一个视频了。

要在视频号里引导用户点赞，我们就要构建起用户的执行意向——"如果你喜欢的话，那就点个赞吧！"

2."如果-那么"计划

执行意向又被称为"如果-那么"计划，正是因为它可以看作一个条件反应机制：如果发生了什么情境，那么就做出什么行为。

这其实是很多营销方案的核心设计逻辑，我们要做的就是构建某一具体场景的执行意向，这其实也是场景思维的运用方法。比如"饭后嚼益达""困了累了喝红牛"，这些都是传播很广的广告语，甚至在消费者心里形成了一种心理暗示：我吃过饭了，嚼两片益达吧；我有点累了，买瓶红牛吧。

3.影响执行意向的要素

这些做法的目的就是为用户设计执行意向，但如果只是如此，我们引导用户点赞的效果可能仍然一般，这是因为，我们还未考虑到影响用户执行意向的3个要素，即困难程度、驱动方式和人格特质。

（1）困难程度。执行目标的困难程度将极大地影响目标的完成率，在短视频的各种互动目标中，如点赞、收藏、转发、评论和购买，其困难程度也依次增加。因此，爆款视频通常只会引导用户点赞，用户只需随手为之即可，而不会过分强调评论或购买，以免影响用户执行意向。

（2）驱动方式。想要驱动用户点赞，我们就要掌握适合目标用户的驱动方式，优质内容是最直接的方式，用户在看到优质内容时会形成一种点赞的内在驱动，此时，我们再适时增加一段文案、一个手势、一句话术，就能让用户随手点赞。

（3）人格特质。人格特质分两个方面：创作者的号召力越强，就越能驱动用户点赞；用户的互动力越强，就越容易产生内在驱动力。两者结合，我们就要针对用户的人格特质，打造相应的人设，用合适的号召方式引导用户点赞。

5.3.2 引导用户互动的4个技巧

引导用户点赞、分享、评论，其实就是要在用户心里建立执行意向，推动用户主动进行互动。而要达到这样的效果，我们可以采用4个小技巧。

1.文案加入引导内容

在视频的描述文案中，我们可以加入引导内容，直接用文字引导用户点赞或参与讨论。

（1）引导点赞。某视频直接使用描述文案来引导用户点赞。其文案为："想看直播教英语的，举手""看看这里面有你老公说的话吗？有的话帮忙点个赞再去教育他！"

（2）引导评论。我们可以在文案中设置一些互动性的问题，引导用户留言评论。比如"作为'90后'的你存款有多少？""你是用哪一种方式呢？""除了这些，还有哪些行业不让美甲呢？"

2.视频内容中加入引导性动作

很多时候，我们的文案都需要用来描述视频，或者为了与其他视频号区别时，我们也可以直接在视频内容中加入互动性内容，如第4章第3节所述。

另外，如果我们没有在视频中加入引导内容，还可以应用一个小技巧，那就是加入引导性动作，用指向点赞、评论的手势来引导用户进行互动。

3.主动参与评论区讨论

面对用户的评论，创作者应当主动参与进来，在你来我往的讨论中，炒热评论区氛围。即使用户评论比较一般，或只是表示欣赏，我们也可以用一条"谢谢认可"表达感谢。

而当我们发现评论区出现"神评论"，比如观点新颖、讨论价值高的评论时，我们更要珍惜，因为这样的评论也会激发其他用户参与讨论的欲望。

从视频号运营的角度来看，更多的评论区互动，也可以让系统认可我们与用户的黏性，从而为我们推荐更多的潜在用户。

4.提前准备"神评论"

很多短视频用户习惯"只看不评"，但他们大多数会浏览评论区，观看其他用户的互动，并从中寻找乐趣。此时，如果存在一条"神评论"，那么用户的参与欲望就会得到极大提升。

因此，在创作短视频内容的同时，我们也可以主动设计几条"神评论"，并用其他账号发布评论，从而吸引用户参与讨论。

5.4 视频号推广数据分析与优化

为了通过优化入口策略来提升搜索排名,运营者首先需明确哪些移动入口具备优化的潜力。一旦运营者清晰了解这些可优化的入口,便可有针对性地开展具体的优化工作。

5.4.1 具有优化潜力的入口

在微信平台上,这些可优化的入口主要包括微信搜索入口搜一搜、看一看,以及平台自身的视频号入口。

1.微信搜索入口搜一搜

微信搜索入口搜一搜,是比较大的流量入口,我们在微信的发现中就可以看到,如图5-6所示。

图 5-6 搜一搜入口

点击搜一搜，可以进入搜索页面，如图5-7所示，微信的搜一搜页面也包含问一问的内容。点击输入框，我们就会看到这个界面，如图5-8所示。我们能看到，在这个入口处我们可以搜索的内容很多，如朋友圈、文章等。

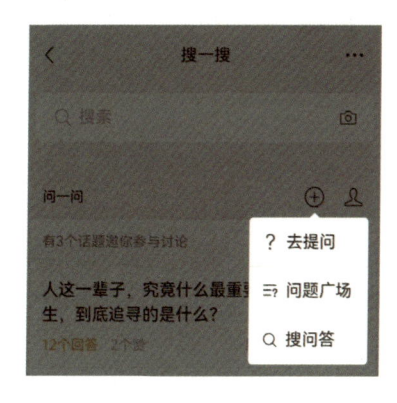

图 5-7 搜索页面

图 5-8 搜索框输入文字

输入我的名字"程鹏"，就能够呈现很多搜索结果，如图5-9所示，这里可以选择视频号、文章、公众号等，关于这个关键词的内容都可以呈现出来。

图 5-9 搜索结果

这就给了我们优化的机会，关键词变得极为重要。任意一个关键词，如果我们在视频号中输出了，在公众号中输出了，别人搜索时就会呈现出来，并且在靠前的位置。

2.看一看

在微信的发现里，有看一看这个入口，如图5-10所示，点击进入。

图 5-10 看一看入口

能够看到，进入看一看后，如图5-11所示，有3个选项：在看，视频和订阅。其中，视频选项，是系统推荐和朋友点赞的一些视频，我们也可以输入关键词进行搜索。

图 5-11　看一看页面

3.视频号入口

之前我们介绍过，在发现页，微信已将视频号和直播独立呈现，如图5-12所示。点击视频号进入视频号页面，如图5-13所示。

图 5-12 视频号入口

图 5-13 视频号页面

推荐这个页面的视频，就是极大的流量入口。此外，点击图5-13中的放大镜图标，进入搜索页面，就能通过关键词进行搜索，我们不再赘述。

值得注意的是，这里的搜索页面和看一看中的搜索页面是殊途同归的，都是同一个搜索界面。

5.4.2 优化策略

通过以上流量入口的分析,我们能看出,最终的结局都导向关键词搜索。毕竟推荐只是根据算法做推荐,用户要进行精准地查找,都会进入关键词搜索,这里才是精准的流量入口。

我们就可以从这里下手,对视频号的相关数据进行优化。

1.取名与关键词

用户搜索账号时,主要是直接使用关键词进行搜索。因此,账号的名称要在直观上给用户一种能够满足需求的感觉。那么,如何取一个在直观感受上能够吸引用户的名称呢?

首先,我们要明确目标用户群体。不同的用户群体有不同的喜好和需求,因此,一个能够吸引用户的账号名称必须能够与目标用户群体产生共鸣,要做到关键词匹配。例如,如果目标用户是年轻人,那么账号名称可以更加时尚、有趣,甚至带有一些网络热词的元素。如果目标用户是专业人士,那么账号名称就应该更加专业、权威,能够体现出账号的专业性和可信度。

2.标题与关键词

在吸引目标用户的过程中,标题扮演着举足轻重的角色。鉴于用户搜索习惯通常基于关键词进行。因此,在标题设置中,关键词的选取显得尤为重要。

首先,应筛选出与账号内容紧密相关且最具代表性的关键词。其次,分析并提炼出能够精准反映账号满足用户需求能力的关键词。例如,若账号致力于提供全面而深入的摄影技巧,那么"大全""一本通""攻略""摄影技巧""拍摄方法"以及"玩转摄影"等词汇将是不错的选择。最后，综合考量账号的独特性、目标用户群体以及市场定位等因素，构建数个既符合主题又具备独特性的账号名称。在筛选过程中，应确保所选名称在关键词匹配度上达到最优，以确保其能够准确传达账号的核心价值，并在众多同类账号中脱颖而出。

3.核心关键词

核心关键词指的是与视频号发布内容主题紧密相关的、搜索量最高的基本词汇。这些关键词可以涵盖产品、企业、网站、服务、行业等的名称，或者它们的相关属性、特色。如何选择核心关键词？

（1）与视频号紧密相关。这是选择视频号核心关键词的基本准则，核心关键词与视频号的主题应紧密相连，比如做减肥的，就别推荐美食。

（2）符合用户搜索习惯。视频号运营者的目标不仅是分享生活，更希望通过视频号实现商业价值。因此，关键词的设置应充分考虑用户的搜索习惯。在选择关键词时，运营者可以列出几个候选关键词，并设身处地地思考用户在搜索时可能会使用的词汇，以确保所选的核心关键词更接近用户的真实搜索习惯。

（3）具备竞争性的热门词汇。某些词汇之所以容易被搜索到，往往是因为它们具有较高的竞争性。这样的词汇虽然热门，但往往具有更高的价值。

关键词的优化，需要根据具体的账号情况，根据所涉及的领域，根据运营情况及时调整，这样才能让账号更加优秀。

5.5 视频号的矩阵化运营

当我们逐渐在视频号内形成影响力，开始团队化作战，进入全职视频号运营阶段，有了专职的短视频策划、剧本撰写、拍摄剪辑、后期维护人员，这个时候就要进行矩阵化运作。通过矩阵运营，我们可以将一个账号裂变为多个账号，形成内部联盟。借助联盟，我们实现的不仅是粉丝的翻倍增加，还有变现途径的翻倍提升。我们可以在很短的时间内获取百万粉丝！

5.5.1 确定多个更细分方向

在矩阵化运营前，要做的是细分方向的探索，确认矩阵方向。我们要确定团队运营的主要方向是什么，接下来，根据这个大方向，开始不断裂变细分方向。每一个细分方向，就是一个矩阵账号。

以知名自媒体"丁香医生"为例，它的矩阵体系包含如下：

大众科普：丁香医生、来问丁香医生、临床用药、科学性、丁香诊所。

特定人群：丁香妈妈、丁妈说育儿、丁香妈妈学园、丁香好孕、熊猫血、好孕学园、偶尔治愈、家岛健康。

电商购物：丁香生活研究所、丁香妈妈放心选。

围绕"丁香医生"这个ID，不断细化"健康"，找到每一个细分精准领域，这样，丁香医生就建立起了一个庞大的矩阵体系。每一个账号都可以源源不断地生产垂直内容，保证了账号的专业性，吸引最核心的用户。

我们也要按照这样的思路，不断探索细分领域。比如，如果我们是一个针对职场技能的短视频团队，那么我们的矩阵就可以包含如下：

（1）每天一个Word技巧：传播Word技能方面的短视频。
（2）每天一招PPT玩法：主打PPT的制作。
（3）思维导图没有那么难：制作关于思维导图的视频。
（4）策划的那点事：精准服务策划部门的短视频。
……

设定矩阵账号的关键，就是找到细分领域的需求：这些需求是用户的痛点。如果我们策划的矩阵与用户痛点完全不符，那么这个矩阵账号就是无意义、无价值的。所以，必须从粉丝们的留言和反馈入手，结合行业的特点确定矩阵体系。

在深耕细分领域的同时，我们还可以制定1~两个跨界矩阵账号，以此打破边界。比如，职场技能的矩阵可以延伸至白领购物的领域，主要针对白领的需求进行短视频、直播带货，那么就会让矩阵体系更加丰富。

5.5.2 做好矩阵之间的互动

建立矩阵账号之后，每个账号就要按照自己的定位进行短视频发布、直播开启等。同时，我们还要做好矩阵之间的互动，这样矩阵才能成为"航空母舰"，彼此联动、共享粉丝。

在开始互动前，我们要明白为什么要进行互动。通常来说，针对某个大行业的细分平台矩阵，用户之间往往是存在身份交叉和需求交叉的。比如，需要进行Word技能学习的职场人士，通常也需要掌握PPT方面的技巧；学习PPT技巧的用户，也有学习Word的需求。

当矩阵之间的账号能够不断分享内容，就会让自己的粉丝自动关注另一个账号，形成一个网络。A账号的粉丝，很有可能成为B/C/D账号的粉丝；B/C/D账号的粉丝，也可以通过其他账号的分享，成为A账号的粉丝。这种交叉式的滚雪球运营，会让整体矩阵账号在短时间内获得大量粉丝，这是单一账号完全无法实现的效果。

理解了这一点，那么在开启矩阵运营后，我们就需要做一件事情：矩阵账号定期转发其他账号的内容，引导粉丝参与和关注，让传播突破单个账号的限制。

5.5.3 账号之间要有差异化

之所以建立矩阵化视频号体系，就是为了借助各自的共同性和差异化，形成更大层面上的传播，共同化决定了基础粉丝，差异化则决定了交叉粉丝及内容。如果账号之间无法形成差异化，那么就不可能发挥矩阵作用。比如，"每天一个Word小技巧"与"Word这些小秘密"本质上没有区别,粉丝群的构成完全一致,所以很难形成更广泛的传播。但是,"每天一个Word小技巧"如果搭配"Excel很easy"的账号,就会打破圈层吸引不同粉丝的进入。

所以,矩阵运营视频号时,一方面我们要保证所有账号的定位在统一的大行业内,另一方面要保证每一个账号形成细分差异化定位,彼此有关联但又不相同,这样才能形成矩阵化传播效果。

第六章

用巧力，拿结果证明：
视频号上热门策略

6.1 如何让系统判定是好内容

想要借助系统的力量来触及更多用户，我们就要赢得系统的认可，让系统将我们的作品认定为"好内容"。对此，我们就要从系统认定的"好内容"出发，采取相应的技巧进行推广。

6.1.1 系统眼中的"好内容"

视频号的系统如何判定一个内容是否优质呢？除了前文所述的各项算法指标之外，什么样的作品才更容易上热门、得到关注、赢得认可？根据视频号的创作指南，我们可以了解到系统眼中的"好内容"的标准。

1.上热门小技巧

通常，画面清晰、内容完整的原创内容会更受微信用户欢迎，也更容易出现在热门页面。

如果我们希望作品能出现在热门页面，就可以参考以下技巧。

（1）发表原创，尤其要避免抄袭或搬运他人创作的内容；如果我们想要借助别人的作品来丰富视频号的定位，也可以通过点赞的方式推荐给更多好友观看。

（2）视频内容、封面尽量清晰。避免出现拉伸、黑边、卡顿等情况，不过多使用马赛克、虚化效果；视频若配有字幕，应完整展示字幕，裁切时注意不要有遮挡。

（3）内容完整，表述清晰。我们可以通过配音解说，让浏览者更好地理解我们的作品内容。

（4）内容健康。避免发表涉及低俗擦边内容和有争议内容。

2.关注小技巧

浏览者更喜欢关注内容真诚、能为他们带来良好体验的视频号。因此，如果我们希望获得更多人关注，则可以参考以下技巧。

（1）定位清晰，营造个人风格，坚持原创。

（2）持续创作，让更多用户留意到我们。

（3）积极和浏览者互动，优化浏览者的观看体验。

3.其他技巧

除上述技巧外，我们还可以参考以下技巧。

（1）发布作品时，要添加适当的话题标签，从而获得话题的推荐加权。

（2）发布作品时，标记位置，让更多附近的人看到，并获得位置的推荐加权。

（3）发布作品后，我们可以主动分享视频号内容到朋友圈或者分享给微信好友，吸引更多好友观看和点赞。

6.1.2 原创是核心要素

在视频号的运营指南中，我们可以频繁看见关于"原创"的描述，这其实也是作品得到系统认可的核心要素。

作为短视频领域的后来者，视频号必须解决的一个问题，就是创作者对抖音、快手等平台优质内容的抄袭。抄袭问题会损害用户的使用体验，用户只能看到各种老套的内容；会损害平台的价值，使视频号难以突破抖音、快手的垄断地位。

因此，要让系统判定是好内容，我们就必须坚持原创这一核心原则。

视频号鼓励原创内容，并借此扶持新作者的创作，如图6-1所示。

图 6-1 视频号原创计划

如图6-1，在发表视频时，要记得勾选原创声明。原创内容平台也会更乐于推荐。

6.2 爆款视频都在用这两个方法

每位视频号玩家都想要打造出一款爆款视频,并借此成名,成为视频号里的百万甚至千万大咖。但打造爆款并非易事,很多人以为只要用心做内容,终究会有成功的一天,然而,成功也要讲究策略与方法,每个爆款视频的背后其实都蕴含着创作者的精准策略。

尤其是在视频号中,如果我们本身的朋友圈就不活跃,纵使我们的内容做得再好,也无法实现冷启动,无法实现社交传播,更难以赢得系统推荐。

当然,优质内容是爆款视频的前提,而在这一前提下,我们也要掌握相应的策略与方法从选题、点赞和数据分析3个层面,借助视频号系统推荐引爆流量。

6.2.1 选题规划,深入垂直领域

无论是抖音、快手的系统推荐,还是视频号的推荐算法,其中的一个关键考量要素就是作品定位。因为只有在明确作品定位之后,系统才能判断这个作品适合哪些用户,并将其推送给合适的用户,从而深入垂直领域,撬动私域流量。

玩转视频号最忌讳的就是定位不明,模糊的定位不仅会使创作失去方向,也难以赢得用户和系统认可。而在爆款视频的打造中,定位

就体现在选题上,理财类账号可以选择"理财方法"作为主题,但如果去做"美妆护肤"的系列作品,无疑就是重大选题失误。

视频号要做好选题规划,可以从3个维度出发。

1.九宫格创意法:围绕定位关键词进行拓展和细化

选题必须围绕视频号的定位进行,任何脱离定位的选题,都应当第一时间被摒弃。因此,选题规划可以围绕定位的关键词进行拓展和细化。

仍以定位为理财类的视频号为例。在这个定位下,我们可以找到哪些关键词呢?比如,理财产品、行业资讯。围绕这两个关键词,我们又能如何拓展和细化呢?比如:理财资金的分配方案;理财产品的选择;行业动态;重大金融政策调整等。

而要确保我们的发散性思维能够发挥作用,我们就可以采用九宫格创意法迅速找到选题方向。如图6-2所示,为九宫格创意法(曼陀罗思考法)。

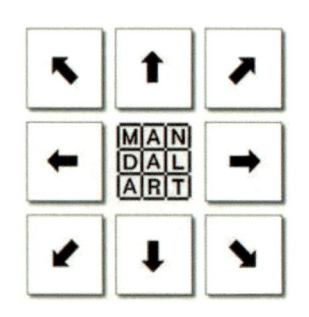

图 6-2 九宫格创意法(曼陀罗思考法)

九宫格创意法，又称为曼陀罗思考法，是一种利用九宫格开发创意、发现问题的方法。在实际使用中，我们可以围绕一个核心进行逐层地发散思维。

如图6-3所示，围绕理财这一核心定位，我们可以轻易找到8个核心关键词，而在其中，我们则可以找出常见的且有冲突的二级场景，比如基金产品的避坑指南、房市的重大政策、实际利率的计算方法等。

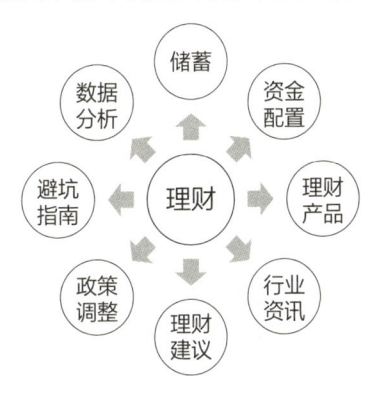

图 6-3 理财主题的思维发散

如此一来，我们就能轻易确定视频创作的主题，在创作过程中我们不仅不会感到创意不够，反而会因创意太多而无从下手。为此，我们也可以将自己的发散思维整理起来，打造出系列化的创作作品，对用户形成长期的吸引点，从而增强用户黏性，真正深入垂直领域。

2."蹭热点法"：结合热点话题，赋予作品社交属性

热点是天然的流量吸铁石，也是强效的社交黏合剂，但在"热点满天飞"的当下，我们也要结合自身定位，选择合适的热点话题作为

创作主题。

"中专生姜萍数学竞赛",这是2024年6月非常火爆的话题,而借着这一话题的东风,我们可以创作360行行行出状元等类型的作品,或可以分析其对就业的影响……

需要注意的是,所谓"蹭热点",必须是热点与内容的深度结合,如果只是单纯地蹭热点,内容与热点完全无关,那么只会引起用户的反感,甚至有意发布违背社会主义核心价值观、伦理道德的言论,这种作品虽然可能引爆流量,但更可能引来封号。

3.四维还原法:学习对标账号,打造创新内容

想要玩转短视频,我们就要时常刷短视频,尤其是对标账号的短视频内容。在运营视频号初期,这种做法既可以让我们学习对标账号的优秀经验,也可以通过持续的互动,强化账号在该垂直领域的标签。

在学习对标账号的过程中,我们就能掌握对标账号的选题方法,并基于其中的核心逻辑,结合自己的创意打造出创新内容,而这就需要依靠四维还原法。

如图6-4所示,四维还原法就是对对标账号的深入剖析,主要分为4个步骤。

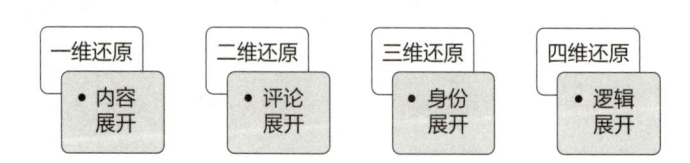

一维还原	二维还原	三维还原	四维还原
• 内容展开	• 评论展开	• 身份展开	• 逻辑展开

图6-4 视频号的四维还原法

（1）一维还原，将对标账号的视频内容完全展开，用文字将视频内容完全描述一遍，挖掘出作品内容的所有细节和信息量，比如：他在说什么？对谁说？语法结构、文案设置如何？预期哪些用户会产生反应、可能产生什么反应？

（2）二维还原，将作品下的评论展开，浏览其他用户的反应，将主要评论进行分析归类，挖掘出用户反应包含的信息，比如：哪些用户有反应？他们的反应是什么？产生这种反应的动机是什么？并与自己在一维还原时的判断进行对比。

（3）三维还原，基于一维还原和二维还原的内容，我们就可以对垂直领域的用户身份进行画像，找到这些用户的身份标签，如年龄、性别、职业、兴趣等。

（4）四维还原，则是对作品创作逻辑的展开和剖析，最终得以解答一些问题：目标用户是哪些群体？他们有什么特征？他们想看什么内容？为什么想看这些内容？怎么做出让他们想看的内容？

以"中专生姜萍数学竞赛"的相关作品为例，对标账号说的内容是该事件对竞赛的影响，那么，我们还原出的创作逻辑就可能是：目标用户是广大普通中专生；他们的特征是可选择机会不多、就业能力有限；他们想看该事件对就业的影响，因为他们害怕大家对中专生用有色眼镜看待。

基于上述信息，对标账号呈现出来的内容就可能是：该事件对阿里数学竞赛的影响，该事件是否会影响就业环境，影响有多大，姜萍这类的中专生会受到什么样的影响……

模仿借鉴是常见的创作手段，但如果只是模仿对标账号的表皮，那不仅无法打造出爆款,也有可能被判定为抄袭。而四维还原法则是通过深入逻辑层面的剖析,对爆款视频的创作逻辑进行模仿,并结合自身创意打造出属于自己的爆款视频。

6.2.2 数据监测,让数据说话

逻辑与算法的本质就是大数据分析,而要利用系统的逻辑与算法,视频号玩家就要掌握数据监测方法,从数据变化中挖掘出有效的运营方法。

数据监测是打造爆款视频必备的技术方法,当然,很多初级玩家并不具备完善的数据分析能力,但我们却可以从入局之初,就有意识地培养数据思维。随着视频号不断做大,我们也可以与第三方数据监测机构合作,寻求外部支持力量。

一般而言,视频号在监测数据变动时,需要掌握以下几个步骤和方法。

1.收集数据变动情况

当我们的作品不多、关注者较少时,我们完全可以手工记录各项数据的变动情况。此时,我们也可以借助视频号助手数据中心的数据,确保数据收集得高效、准确。

在收集数据变动情况时,我们需要注重关注者数量、播放量、点赞量、评论量等数据的收集,并细化时间维度,掌握数据变动的趋势,如表6-1所示。

表 6-1 数据变动情况表

时间段	关注者数量	播放量	点赞量	评论量
00:00–04:00				
04:00–08:00				
08:00–12:00				
12:00–16:00				
16:00–20:00				
20:00–24:00				

借助这样的表格，我们就能看到每个时间段的各项数据的变化情况，也可以进一步增加点赞率、赞粉比、赞评比等数据分析维度，从而对数据变动进行精准监测。

2.用数据指导视频号运营

通过对数据的收集和分析，我们就可以用数据来指导视频号的运营。

（1）调整发布时间，找到数据增量最多的时间段，并尽量在该时间段发布作品。从相关数据中我们可以看到，在14:00至17:00之间，播放量增加最多，这就说明我们的目标用户主要在这个时间段浏览视频号，那我们就可以选择在此时段发布作品。

（2）调整运营重点，找到数据表现的薄弱点，并针对该薄弱点进行改善。比如视频播放量很高，但点赞量很少，也即点赞率很低，那么我们就可以在创作作品时适当加入引导点赞的内容。

（3）分析用户喜好，找到数据表现的优异点，并据此分析用户喜好。基于上述数据，我们还可以将多个同类作品的数据进行横向对比，寻找播放量、点赞数更多的作品，并对作品进行对比分析，挖掘出用户的喜好，并据此进行后续创作。

（4）摸索系统算法，找到数据异常变化的节点，摸索系统算法。比如通过多个作品的对比分析，我们可能会发现：点赞量达到1000左右时，播放量、点赞量都进入快速上升期。这就意味着，点赞量1000可能是视频号系统算法的一个重要节点，系统会对此类视频增加推广力度，那么在后续运营中，当作品点赞量即将达到1000时，我们就可以采用各种主动推广的手段，刺激点赞数达到相应的节点，从而获得系统推广加权。

6.3 视频号上热门的4个思路与技巧

想要视频号上热门，这并不是一件简单的事情。我们必须建立如下这些思维，并同步使用各种技巧，才能让自己的作品成为爆款！

6.3.1 做一个正确的"标题党"

想要让作品瞬间给用户留下印象，标题是绝对不能忽视的传播重点。所以，我们必须做一个正确的"标题党"。

1.设置悬念

这种标题通常会留下一半的词语，让用户产生好奇。比如，"我用了这款补水霜，结果三天后发现……""不是每一次旅途都有惊喜，这条路上我忽然看到……"

这种充满悬念的标题，会让用户产生强烈的好奇心，用户愿意主动点击，并一直看到最后，期待着视频中接下来会发生什么。这种标题的创作思路就在于：不能在标题中展示任何答案，答案就在视频中。

2.疑问、反问

最容易获得点赞的标题，就是在标题中植入疑问、反问的语气，让用户产生好奇。比如："你以为你真的会PPT技巧？来看看这个！""大家都在看的这段职场视频？你怎么有借口错过？""你以为上了大学就可以完全放松？大错特错！"

这类标题会有很强烈的"对抗性",让用户感到一种面对面的交流、质疑,所以想要点击观看自己究竟出了什么问题。

这些疑问词,我们都应在作品标题中积极应用,还有疑问词,如何、怎么样、什么、为什么、难道、岂止、居然、竟然、究竟、简直、难怪、反倒、何尝、何必……日常生活中,我们需要积累这些词汇。收集得越多,那么写标题时候就会越轻松!

3.故事型叙述

如果我们的视频作品是剧情故事,那么不妨通过故事型叙述标题,把故事的开头、中间叙述清楚,给结局埋下伏笔。比如:"走廊里的一次回眸,我遇到她,接下来她对我说了三个字……"简单的一句话,就可以将主题中的"爱情"提炼,并设下悬念,让人迫切想知道接下来的故事。

4.瞄准用户痛点

我们也可以瞄准用户的痛点,对标题进行优化。比如"为减肥烦恼?看看我,3个月从150斤减到100斤,其实你能做到!""30岁的我学习兼职不过3个月,月收入破万,你想知道其中的奥秘吗?"

用户痛点是最有价值的需求,我们提供的内容越精准,他们打开的欲望就越强烈。所以,针对用户痛点不断做文章,也会起到很好的传播效果。

5.可以吸睛,但不许低俗!

需要注意的是:标题党是自媒体诞生以来,最常使用的传播吸睛方式。但是随着这种方式的滥用,它已经给用户乃至社会公德产生了一定影响。所以,就在2019年1月9日,中国网络视听节目服务协会的官网上发布了《网络短视频平台管理规范》和《网络短视频内容审核标准细则》。其中,《网络短视频内容审核标准细则》包含100条审核标准,包括标题是否合规、是否涉及色情、是否适宜未成年人等多个方面。

《网络短视频内容审核标准细则》第76、第77、第78条三项细则围绕短视频作品的标题作出了规定:不得出现以成人电影、情色电影、三级片被审核删减内容的影视剧的"完整版""未删减版""未删节版""被删片段""汇集版"作为视频节目标题、分类或宣传推广;不得以偷拍、走光、露点及各种挑逗性文字或图片作为视频节目标题、分类或宣传推广;不得使用易引发性联想的文字作为标题的内容。

所以,在进行标题设置时,我们必须遵守国家法律、平台的要求,不得突破底线。标题党只是手段,它服务于作品本身,如果本末倒置,在标题上的设置太过低俗,那么不仅不会赢得用户的喜爱,还会遭受视频号限流、封号。

6.3.2 贴近热门内容

视频号依然处于发展期,所以通过研究看到:能够在视频号上成为热门的作品,与抖音、快手的内容区别不大。热门视频中,最受欢迎的除了搞笑段子外,就是技能类的视频,比如生活小窍门、教你学PS、教你学烹饪、教你拍视频等;或者非常过人的颜值才艺表演,也会受到较高的点赞和评论。

所以,我们在进行视频号内容规划时,要尽可能将定位靠拢这几个方面。这些领域都是用户的共识,是最具有吸引力的内容。即便我们的定位是非常小众的圈子，也要结合热门内容进行创作，让作品突破小圈子的边际，这样才能获得更大的流量。

6.3.3 出镜主播：强化自己的特点

如果我们的短视频主要为个人出镜，如化妆品评测、VLOG指南等，那么必须强化自己的特点，让人一下子记住我们，这是作品登上热门的关键。如下几个特质，必须不断强化。

1.强化自己的特定造型

从造型入手，强化自己的形象特质。比如知名网红"名侦探小宇"，金属框眼镜+灰色西服，增强侦探人设，既有《名侦探柯南》的特点，也有类似福尔摩斯的形象，非常具有视觉影响力。

造型，也是人设的一部分。做好造型，就是给自己的人设加分。而有了让人过目不忘的人设，网友就会对视频本身产生天然的好感。所以，当我们出现在镜头前，必须让服装、配饰有足够亮点，不能让人毫无印象，同时主播形象也要贴合我们的作品主题。比如，主打教育短视频，那么着装应当干练、简洁，让人觉得信服；如果主打美食短视频，那么服装款式应当轻松活泼、色彩丰富，增强画面的感染性，让人产生愉悦感。

2.强化自己的语言风格

语言也可以成为自己的标签。比如，某网红独特的贵州当地口音，普通话非常幽默风趣，尤其是那句"好嗨哦，感觉人生已经达到了高潮，感觉人生已经到达了颠覆"的金句，非常契合他们的形象与定位，从而产生标签效果。

语言同样是人设IP的组成。短视频不是新闻节目，我们既要保持生活中说话的趣味性，也要形成不一样的质感。一开始，我们可以模仿一些与自身视频定位接近的主播的语言方式，在这个过程中不断寻找自己的特点，形成自己的风格，这会给视频作品大大加分。

3.创造更有趣的特点

语言、服装、道具等，都是创造有趣点的途径。就像有些主播的视频，语速都是经过后期加速变音的，这种风格就给其犀利的吐槽形象大大加分。这个技巧后来被很多主播借用。

所以，我们一方面要学习其他主播的特点，另一方面要寻找自己的新模式、新特点。但是"办公室小野"另辟蹊径，将环境放在了办公室或者野外，这就给用户带来了新的体验，突破了用户的惯性思维，形成差异化，作品上线自然会给用户带来一种新鲜感，因此他的每一部作品几乎都是热门作品。

6.3.4 积极邀请好友点赞

微信视频号有一个独特的机制：点赞的作品，将会优先推送给其他好友，在"朋友"列表中显示出来。这就意味着：如果点赞量高，那么它就会源源不断地传播，形成裂变。好友的点赞，决定视频号的"朋友"列表内容的方向。

所以，当作品发布后，我们要自己给作品点赞，这样它就会出现在微信好友的短视频列表之中。接下来，我们可以将视频单独发给好友，并引导他们进行点赞："新的作品上线啦！麻烦帮我点个赞，感谢！"通常来说，与我们相熟的好友都不会吝啬点赞，这样作品就可以在他的朋友推荐中看到。当点赞达到一定数量,观看数量也会同步上升,最终作品进入热门!

6.4 如何通过转发上热门

视频号的分享文案创设技巧决定了文案对作品的加分程度，不同领域视频号的分享文案有不同的创设技巧，我们总结了几个主流爆款分享文案的精髓特点，现分享给各位朋友。

6.4.1 制造悬念

有悬念的文案获得的流量往往高于平铺直叙的文案，这也是笔者多次提到的文案模式。

悬念文案以其独特的魅力吸引用户眼球，成为营销战场上的一大利器。然而，悬念文案的魅力并不仅仅在于其能够吸引流量，更在于它能够触动人们的好奇心，激发他们探索未知的渴望。

假设我们正在推广一款新的健康饮品，以下是两种不同风格的文案。

平铺直叙的文案："欢迎尝试我们的新健康饮品！它富含维生素和矿物质，无糖，低卡路里，适合健康生活方式。立即购买，享受健康生活！"

有悬念的文案："你准备好迎接一款能够改变你每天活力的饮品了吗？我们的新产品即将揭晓，它不仅仅是一款饮品，而是健康生活的新篇章。想知道是什么让它如此特别吗？点击了解更多，揭开神秘面纱！"

可以看到，有悬念的文案通过提出问题（"你准备好迎接一种能够改变你每天活力的饮品了吗？"）和创造好奇心（"想知道是什么让它如此特别吗？"），激发了读者的好奇心和兴趣。这种文案更有可能促使读者点击了解更多信息，从而带来更高的流量。相比之下，平铺直叙的文案虽然提供了产品的基本信息，但没有创造出继续阅读的紧迫感，因此可能不会吸引同样多的流量。

当然，要写出一条成功的悬念文案并不容易。它需要我们深入挖掘用户的心理需求，精准把握他们的兴趣点，然后用最精练、最富有想象力的语言，将这些元素巧妙地融合在一起。只有这样，我们才能创造出一个既引人入胜又令人难以忘怀的文案作品。

6.4.2 突出权威性

一个文案的权威性不仅仅体现在文字的字面上，更在于它背后的实力、专业度和深度。当我们谈论一个产品、一个观点或者一个政策时，一个权威性的文案能够迅速捕获用户的眼球，引导他们深入了解，并激发他们的认同和共鸣。

权威性的文案通常源于对某一领域的深入研究和理解。它不仅仅是对事实的简单陈述，更是对现象背后的逻辑、规律和趋势的洞察。这样的文案往往能够引发用户的深度思考，激发他们对知识的渴望，从而提升用户的认可度和忠诚度。

此外，权威性的文案还具有强烈的感染力和号召力。它能够用精准的语言、生动的案例和有力的论证，引起用户的情感共鸣，引导他们产生积极的行动。无论是在社交媒体上的分享、点赞，还是在现实生活中的讨论和实践，权威性的文案都能够引爆流量，影响更多的人。

假设我们正在推广一款新的抗衰老面霜，以下是两种不同风格的文案。

普通文案："我们的面霜含有独特的成分，能够帮助您减少皱纹，恢复肌肤的年轻光彩。现在就试试我们的产品，让您的肌肤焕发新生！"

突出权威性的文案："经过皮肤科医生测试和推荐，我们的抗衰老面霜结合了最新的科学研究和专利成分，已被证明能够显著减少细纹和皱纹。在最近的临床试验中，使用我们面霜的测试者们在短短四周内就看到了明显的效果。不仅仅是我们的顾客这么说，连专家也赞同！立即体验，让科学为您带来青春的奇迹。"

可以看到，突出权威性的文案通过提到"皮肤科医生测试和推荐""最新的科学研究和专利成分"以及"临床试验"的证据，来增加产品的可信度。这种文案策略让用户感到产品是经过专业验证的，因此更值得信赖。用户对于这种权威性强的信息更可能给予认可，并通过转发、分享或点赞来表达他们的信任和支持，从而带来更高的流量和点赞量。

然而，权威性的文案并不是一蹴而就的。它需要我们对所谈论的领域有深入的了解和研究，需要我们有扎实的专业知识和丰富的实践经验。同时，我们还需要不断学习、思考和创新，以保持文案的权威性和前沿性。

6.4.3 突出价值

通过文案明确作品价值，即用户观看短视频可以获得什么。这类文案可以加速用户与作品的链接，根据文案突出的价值，用户可以准确对应自己的需求，并在作品中寻找满足需求的方法。

在数字化时代，信息的快速传播与消费已成为常态。为了在这浩瀚的信息海洋中脱颖而出，视频内容创作者们需要更加精准地把握用户的需求，并通过文案明确传达作品的核心价值。这不仅能够帮助用户迅速识别出作品的独特之处，还能引导他们深入探索，从而与作品建立更紧密的联系。

当用户浏览短视频时，他们往往受时长限制，难以在短时间内全面了解作品的全部内容。因此，一个引人入胜且富有价值的文案显得尤为重要。这样的文案能够迅速抓住用户的注意力，引导他们进一步探索视频内容。同时，通过突出作品的核心价值，用户能够准确判断该作品是否符合自己的需求，从而节省宝贵的时间和精力。

在编写这类文案时，我们需要注重以下几点。首先，要深入了解目标用户的需求和兴趣，确保文案能够引起他们的共鸣。其次，要突出作品的独特之处和优势，让用户在众多的视频中快速识别出你的作品。最后，要保持文案的简洁明了，避免冗长和复杂的表述，确保用户能够迅速理解并记住作品的价值。

假设我们正在推广一款智能健身追踪器，以下是两种不同的风格的文案。

普通文案:"我们的智能健身追踪器功能强大,能够监测您的运动、睡眠和饮食。它还配备了最新的技术,为您提供全面的健康分析。立即购买,让您的健康生活更进一步!"

突出价值的文案:"想要更有效地管理您的健康和健身计划吗?我们的智能健身追踪器就是您的理想选择。特别在忙碌的工作日中安排紧张的运动日程,它能够帮助您实时监控心率、追踪运动距离、记录睡眠质量,并提供个性化的饮食建议。无论是跑步、骑行还是瑜伽,它的智能提醒和个性化建议让您的每一次锻炼都更加高效。立即点击,找到适合您需求的健身伙伴。"

可以看到,突出价值的文案通过明确指出产品如何满足特定用户群体的需求(如忙碌的工作日、紧张的运动日程、实时监控心率、个性化饮食建议等),让用户能够快速识别产品的实用性和优势。这样的文案帮助用户理解产品如何融入他们的日常生活,并为他们提供解决问题的方法。因此,用户更有可能在作品中找到满足自己需求的方法,并采取行动(如点击、购买等)。

通过文案明确作品价值是吸引用户、建立用户与作品链接的关键。我们需要深入了解用户需求、突出作品优势并保持文案的简洁明了,以确保用户能够迅速识别并记住作品的价值。在这个信息爆炸的时代,只有做到这些,我们才能在竞争激烈的市场中脱颖而出。

6.4.4 结合热点

在视频号的世界里，热点不仅是一个流量引擎，更是内容创作的灵感源泉。然而，要想真正将热点与视频内容完美融合，并非简单地"粘贴复制"就能实现。我们需要深入挖掘热点的内在价值，找到它与视频主题之间的巧妙契合点。

首先，我们需要对热点有敏锐的洞察力。热点事件往往伴随着大量的信息和观点，如何在这些繁杂的信息中提炼出有价值的部分，是我们需要思考的问题。例如，当某个社会现象成为热点时，我们可以从它的成因、影响、解决方案等多个角度进行深入剖析，形成自己独特的观点。

其次，我们需要将热点与视频主题紧密结合。在视频创作中，我们可以将热点事件作为引子，通过讲述一个与之相关的故事或案例，引出视频的主题。这样不仅可以吸引观众的注意力，还能使视频内容更加具有说服力。

最后，我们可以利用热点来创新视频形式。例如，当某个音乐或舞蹈成为热门话题时，我们可以尝试将其融入视频创作中，形成独特的视觉风格。这样的创新不仅可以提高视频的观赏性，还能让观众在欣赏视频的同时，感受到创作者的创意和才华。

假设我们正在推广一款新的防晒霜，而当前的热点话题是即将到来的夏季和人们对户外活动的关注。以下是两种不同风格的文案。

普通文案："我们的防晒霜具有高效的防晒效果，能够保护您的肌肤免受紫外线伤害。它质地轻薄，易于涂抹，适合日常使用。立即购买，让您的肌肤在夏日阳光下保持健康！"

结合热点的文案："夏日炎炎，户外活动成为新常态。在享受阳光的同时，不要忘记保护您的肌肤！我们的新款防晒霜是您的夏日必备。它不仅具有高效的防晒效果，还能防水防寒，持久保护您的肌肤。无论是海滩度假、山地徒步还是城市探险，它都是您最佳的防晒伴侣。点击了解详情，让您的夏日更精彩！"

能够看到，结合热点的文案通过提及夏日户外活动的话题，并将产品定位为夏日必备的防晒霜，成功地将作品与当前热点产生了联系。这种文案能够引起人们对夏日防晒的关注，并激发他们对产品的兴趣。因此，相比普通文案，结合热点的文案更能吸引受众的注意力，提升作品的流量和关注度。

当然，在结合热点进行视频创作时，我们还需要注意避免过度依赖热点。毕竟，热点只是暂时的，而真正能够吸引观众的是视频的内容和品质。因此，我们需要在关注热点的同时，注重提高视频内容的质量和创新性，以赢得观众的长期关注和喜爱。

6.4.5 独到见解

表达独到见解的文案可以令用户认识到视频号的差异化，并产生敬佩感，但这类文案编辑难度较高，需要运营者有独特的思维，要从不同的角度正确看待问题。

在追求视频号差异化的道路上，独到的见解无疑是一把锋利的剑，能够精准地切割出与众不同的品牌形象。然而，要铸造这把剑，文案编辑的技艺就显得尤为重要。独特的思维并非一蹴而就，它需要运营者平日里对各类信息的敏锐洞察，对社会的深度思考以及对人性的深刻理解。

假设我们正在推广一款新的健康饮食App，以下是两种不同的文案风格。

普通文案："我们的健康饮食APP提供了多种健康食谱和饮食建议，帮助您保持健康的饮食习惯。它还能根据您的口味和偏好推荐合适的食物，让您的饮食更加丰富多样。立即下载，开启您的健康饮食之旅！"

表达独到见解的文案："在追求健康饮食的道路上，我们是否真的了解自己的身体需求？我们的健康饮食App不仅提供食谱和饮食建议，更注重帮助您了解自己的身体状况和营养需求。通过智能分析和个性化推荐，我们鼓励您探索适合自己的饮食方式，而不仅仅是盲目跟从流行趋势。让我们一起重新定义健康饮食，点击了解我们的独特理念。"

能看到，表达独到见解的文案通过提出问题（"在追求健康饮食的道路上，我们是否真的了解自己的身体需求？"）和展示独特的理念（"重新定义健康饮食"），吸引了用户的注意力，并引发了用户对于健康饮食的深入思考。这种文案不仅提供了产品的基本信息，还展示了运营者对健康饮食的独特见解和思考，从而让用户认识到视频号的差异化，并可能产生敬佩感。

当然，独到的见解并不意味着刻意追求标新立异，而是要在保持客观公正的基础上，敢于提出自己的独特观点。这需要运营者具备强大的独立思考能力和判断力，能够在纷繁复杂的信息中筛选出具有价值的素材，并对其进行深入的剖析和解读。

此外，文案编辑还需要注重语言的精练和生动。在表达观点时，我们要用简洁明了的语言将复杂的问题阐述清楚，同时要用生动的比喻和形象的描绘来增强文案的感染力。这样的文案不仅能够让用户轻松理解，更能够让他们在阅读的过程中感受到一种美的享受。

6.4.6 引发共鸣

我们不止一次提到引发共鸣的重要性，通过共鸣文案可以明显提升视频号作品的分享效果。共鸣不仅仅是一种情感上的连接，更是一种营销策略的精髓。当视频号作品能够精准地触及观众内心深处的情感，与之产生强烈的共鸣时，这种力量是无比强大的。它不仅能让观众沉浸其中，更能激发他们的分享欲望，使作品在社交网络中迅速传播开来。

假设我们正在推广一项公益活动，旨在帮助贫困地区的儿童获得教育机会，以下是两种不同风格的文案：

普通文案："我们的公益活动致力于为贫困地区的儿童提供教育支持。通过捐款，您可以帮助他们改变命运，实现梦想。现在就加入我们，一起为教育事业贡献力量！"

共鸣文案："每一个孩子都应该有追逐梦想的机会。但在一些贫困地区，孩子们却因为缺乏教育资源而无法实现自己的梦想。我们的公益活动致力于改变这一现状，为这些孩子们提供教育机会。当我们帮助一个孩子，我们就在为整个社会播下希望的种子。让我们一起行动，为孩子们的未来贡献一份力量。分享这份爱，让更多人加入我们的行列。"

可以看到，共鸣文案通过强调每一个孩子都应该有追逐梦想的机会，以及当我们帮助一个孩子就在为整个社会播下希望的种子等情感诉求，触动人们的内心，引起人们的共鸣。这种文案能够激发人们的同理心和善良本性，促使人们进行分享，从而提高视频号作品的分享效果。相比之下，普通文案虽然提供了公益活动的基本信息，但缺乏情感共鸣，可能无法引起人们的强烈分享意愿。

然而，要创造出具有共鸣力的文案，并非易事。它需要我们深入了解目标受众的内心世界，洞察他们的情感需求，用真挚的语言与他们进行心与心的交流。只有这样，我们才能在海量的信息中脱颖而出，吸引观众的注意，引发他们的共鸣。

除了深入了解受众，我们还需要掌握一些撰写共鸣文案的技巧。首先，要善于运用生动的语言和形象的比喻，将抽象的情感具象化，让观众能够直观地感受到文案所传递的情感。其次，要注重情感的真实性和自然性，避免过于夸张或矫揉造作的表达方式，让文案更加贴近观众的生活和情感。最后，要关注文案的时效性和话题性，结合当下热门的社会事件和话题，让文案更具吸引力和传播力。

第七章

面对面，促成交：
视频号直播技巧

7.1 视频号直播间开通与设置技巧

通过视频号开通直播，我们需要做好以下工作。

7.1.1 视频号直播间的开通方式

开通视频号直播间，我们需要按照如下流程进行。

首先，打开微信，进入视频号。点击右上角"小人"图标，如图7-1所示。

图 7-1 进入视频号，点击图标

找到"直播"按钮，或开始直播，或创建直播预告，如图7-2所示。

图 7-2　开通直播通道

至此，我们就完成了视频号直播间的开通，可以随时进行直播，或发布直播预告。

7.1.2　视频号直播的设置技巧

为了保证视频号直播的效果，在正式直播前，我们还要进行一定的设置。

1.直播封面的设置

发起直播时，我们要做好直播封面的设置，如图7-3所示。

图 7-3 直播封面的设置

建议直播封面尽可能采用个人真实头象,保证面部清晰。

2.直播描述的设置

设置封面的同时,我们也要进行直播描述的设置。我们不需要太多的语言渲染,以简洁、通俗的语言说明直播主题是什么即可。比如"如何成为PPT制作大神?""吉他学习第一节课,我们要了解什么?"描述越精准,对用户的吸引力就会越强。

视频号直播开通了美颜、打赏等功能,很多主播在直播时可以接受粉丝的直播打赏,这也增加了一种变现的方式。

只有进入得早,才能获得先机。所以,我们一定要把握视频号直播的前期红利期,快速进入视频号直播的赛道。

7.2 视频号直播内容策划与技巧

直播不是简单地对着摄像头说话,而是设计好完整的思路、脚本,同样遵循"内容为王"的原则。想要做好视频直播的内容策划,必须从以如下几个角度入手。

7.2.1 确认直播主题

我们要确认直播主题是什么。不妨思考以下几个问题。

我们直播要做什么?

直播的重点内容是什么?

重点内容如何呈现?

这些形式是否会让人感兴趣?

我们擅长的是什么?

回答这些问题,就是为了不断缩小直播主题范围,最终确认直播的核心内容。选择才艺直播还是教学直播?带货直播还是娱乐直播?在直播前,我们就应该确认直播的主题。

目前,视频号的直播主题主要分为以下几种类型,我们要选择最适合自己的。

1.才艺类直播

最常见的直播类型，需要主播拥有一定的技能，如唱歌、跳舞、手工制作、绘画等。我们必须确定自己在某个方面有较强的专业技能，否则很难满足用户挑剔的眼光。

2.教学类直播

教学类直播也非常常见，在展示自我的过程中，还可以实现带货。比如针对PPT制作的教学直播，在传授经验的过程中还可以进行课程销售，通过产品的教学展示来构成直播内容。这就要求我们必须有完善的课程体系和服务，能够在直播过程中直接输出。

3.产品引入型直播

产品引入型直播侧重于场景化带货。比如，主播进行户外探险直播，在这个过程中将手电、户外工具等植入，穿插介绍产品进行销售。这种直播由于精准度很高，用户群体比较忠诚，所以如果产品与场景吻合度高，那么就会形成很好的直播与带货效果。

找好直播主题和方式，这样我们才能有节奏地开展直播。直播主题类型确定后，就要进行直播内容的确认。

最基本的原则：短视频侧重哪个领域，那么直播的内容就侧重于哪个方向。比如，你是一名摄影自媒体人，短视频主要集中于摄影、VLOG等，那么直播就应围绕该垂直领域展开，"如何快速了解单反的基本功能""实地直播，带大家学习构图的技巧"等，这样的直播内容才是粉丝愿意关注的，在这个过程中进行带货，会形成较好的效果。

但是，如果我们的直播内容是"如何与3岁孩子沟通"，这与我们的账号定位明显不符，所以这样的直播主题内容就是没有吸引力的。

7.2.2 确定直播目标用户

设计再完善的直播，如果没有吸引到目标用户，那么直播就是失败的。不同用户有不同的爱好，这就导致受众喜欢不同的直播内容。比如，我们有一款智能电饭煲需要带货，但是我们的多数用户是学生群体，虽然这款产品功能便捷、外形好看，但事实上粉丝群体对电饭煲的需求非常低，那么无论直播设计得多么有趣，都不可能吸引到他们的关注。

所以，进行视频号直播内容策划时，必须分析以下方面。

用户是谁？
谁是你的直接购买者？
谁是你的间接购买者？
用户的元属性是什么？
用户的行为属性是什么？
用户的态度属性是什么？
用户需求是什么？
用户存在哪些主要问题？
用户主要想实现什么目标？
用户在什么场景下有哪些任务需要完成？
用户的关键诉求、主要诉求、次要诉求、可有可无诉求分别是什么？
用户愿意为这些要求付出什么代价？

以上这些工作，就是为了分析"用户画像"。所谓用户画像，是一种勾画目标用户、联系用户诉求与设计方向的有效工具。确定我们的目标用户是谁，才能制定精准的直播设计。

比如，我们的短视频主打"社会热点+动漫"，这就意味着我们的粉丝大多数是热爱二次元为主的年轻人，年龄集中于15~25岁。那么在进行内容策划时，一定要将当下的热门梗融入，说话风格非常活泼甚至跳跃，这才是目标用户需要的气氛。结合目标用户对直播主题进行细节优化、流程设定、带货产品选择，这样才能取得积极的效果。

7.2.3 确认直播脚本

确定直播主题、形式、目标用户后，接下来我们就要进行直播脚本的撰写。这是直播前期策划的重中之重，唯有完善的直播脚本，我们才能知道在每个时间段做什么。做直播最忌讳的就是开播前才考虑直播的内容和活动，如果没有事先预习当天的直播内容，那么主播很容易陷入无话可说的尴尬境地。做脚本的目的，就是梳理直播流程，让直播内容有条不紊。

一份完整的直播脚本，至少要保证以下几个方面。

1.主题框架

包含主题内容、互动奖品等环节设计。

2.开场白

2分钟以内的开场白，说明自己是谁、直播会带来什么。

3.时间节点

明确每个时间节点的内容。比如：

（1）开场10分钟：互动、抽奖、介绍今天的主题、活动内容。

（2）才艺表演阶段，我们准备了哪些节目。

（3）每逢半点抽奖的语言表述。

（4）整点抽锦鲤的语言表述。

（5）点赞1万发红包的语言表述。

将直播间的流程与节点规划清晰，让用户感到整个直播过程充满节奏、高潮迭起、逻辑清晰，这样他们才有持续观看的动力和欲望。

视频号直播初期，我们可以逐字逐句地设计脚本，待自信心、能力不断提升后可简化脚本，加强现场发挥。

日常观看其他主播直播时，我们也要学会记录，分析他们的各个时间节点是如何表达的。久而久之，当我们积累了丰富的素材后，就会不断提高自己的直播脚本质量，提高直播效果。

7.3 视频号直播频率、直播时长规划技巧

直播频率、直播时长，也会影响视频号的人气。该如何确认直播频率和时长？

7.3.1 确定视频号直播频率

最佳的直播频率，自然是每天的高频直播。在质量保证的前提下，每多一次直播，就会多一次上热门的机会。每天直播，会让系统判定我们是特别活跃的账号，就会进行流量倾斜；反之，如果连续三天不直播，那么原本积累的权重就有可能呈现下滑的趋势。尤其是在视频号初期，较高的直播频率会大幅提升账号在平台的影响力。

当然，每做一次直播，都需要进行大量的准备，除非全职视频号主播，否则多数人都难以支撑每天不间断地直播。所以，我们要保证至少每周3次直播，如周三、周五、周六，并在微信群、视频号介绍中说明自己的每周直播安排。

之所以选择这三个时间，是因为周三又被称作"小周末"，这是一周中间的一天，多数人都渴望暂时缓解工作压力，观看直播放松心情；周五、周六则是周末时间，是直播的黄金时间段，不可错过。暂时放弃周日，是因为第二天为周一上班、上课日，这一天很多人需要准备第二天的工作、课程等，所以不会花太多时间在休闲、娱乐上。

所以，每周3次直播，这是直播频率的底线。

7.3.2 固定每次直播的时间

开启直播后，我们要尽可能固定每次直播的时间，这样才能让粉丝养成习惯，在每天或每个直播日的特定时间自动进入直播间。

选择了怎样的直播时间，就选择了怎样的竞争环境。多数人认为，晚间档是直播的最佳选择。事实上，早间档、午间档也是很好的直播的时间段。与早间档（5:00-10:00）午间档（13:00-17:00）相比，晚间档（19:00-24:00）的竞争更加激烈，这个时间段是大主播们相互厮杀的战场，虽然流量巨大，但是新主播很难脱颖而出。

所以，在直播初期、人气较低的时候，我们不妨多在早间、午间进行直播，以此锻炼自己的能力，积累粉丝。当我们有了足够的人气和能力后，再切入晚间档。

无论选择哪个时间段，我们都要尽可能固定下来，每次按时开播。当粉丝们养成了收看习惯后，他们就会成为忠实铁粉，这是非常重要的第一轮种子用户，是我们进行更广泛传播的基础。

7.3.3 直播时长的精准规划

直播时长非常重要，它等于曝光量、积累粉丝速度、直播收益等。通常来说，一场完善的直播，需要达到2个小时以上，这样才能保证效果。

连续2个小时以上面对镜头，这对于普通人来说并不是一件容易的事情。部分主播为了达到这个时长，只是呆坐着不互动，没精神、不化妆，或是经常离开镜头，这都是无效的直播。想要在保证时长的基础上，实现更好的直播效果，就必须针对直播进行精准规划。

以一场2个小时的直播为例，我们要做好以下这些规划。

1.0—10分钟：直播间最终检查、自我介绍与初期互动

在直播正式开始前，检查直播封面是否合理设置，是否能给人带来眼前一亮的感受。同时，检查直播间内的光线和自己的妆容。保证光线要亮而温馨，人物位置调整居中，说话声音和背景音乐不能过轻或过重，妆容自然清新，衣着装扮有风格。

接下来，直播正式开始，我们一定要准备好一段有吸引力的自我介绍。开场白如果足够出色，那么就会立刻形成火爆的效应，留言率非常高，这有利于直播间获得更大的流量倾斜。

如下几个开场白，都能迅速点燃直播间的气氛，不妨多学习和应用。

（1）"嘿，我是×××，我又来了哦！欢迎大家来到我的直播间，这是我开始直播的第3天，希望大家多多支持我！进来直播间的是美女，还是帅哥呢？刷刷弹幕让我看到你哦！"

（2）"大家好，我是×××！我是一名新主播，还有很多不懂的地方，有做得不好的地方还请多多见谅！哇，进来了好多朋友，到100个粉丝的时候我们来一波福利好不好！哇，我好期待呀！"

同时，我们要对不断进入直播间的用户表示欢迎，并尽可能念出每一名用户的名字，并表示感谢。这种行为会让他们感到很受尊重，愿意继续留在直播间，并不断留言。

2.10—60分钟：才艺展示、聊天互动

经过前期的预热后，接下来我们要进行才艺展示和聊天互动。

（1）主动咨询用户。我们可以和用户互动，问他们喜欢什么歌曲，或是简单聊聊今天的天气，如果天气冷，提醒大家多穿衣服。把观众当作熟悉朋友，聊对方熟悉的事情，最近都关注的事情。

别忘了提醒用户关注。比如"点点订阅，我们就会有故事""主播人美歌甜性格好，订阅就像捡到宝""给我10分钟，10分钟后喜欢我就留下来点点订阅"等，只要一开始我们没有让用户感到反感，那么多数留下来的用户就会点击关注的。

（2）聊天互动。在咨询用户的阶段，我们就要快速判断出多数人想聊的是什么，比如对某个热点事件的看法，或是对某位歌手的喜爱等。顺着这个共同点深聊下去，慢慢可以延伸到其他话题。从对方话题中找到关键词，选择对方更感兴趣的话题拓展、转移、联想。

这期间，我们可以穿插一些才艺展示，但不做重点。比如清唱一首歌或简单几个舞蹈动作等，真正的才艺表演放在接下来做展示。

在与用户互动的过程中，我们一定要保持轻松，无论手势、小动作、眼神还是语气语调，都要轻松自然。如果我们的面部肌肉紧张，就会给人带来负面感受，产生内心不愉快，因此选择退出直播间。

节日、美食、体育比赛、热门事件、电影……这些都是适合进行开场聊天的内容。所以，我们在日常生活中必须做好内容储备，留意时事热点、热播电影和重大事件。还可以将一些有趣的段子打印好，

在聊天互动的过程中不时抛出。

直播开始时先聊天，就是为了给直播间带来一种放松的心态，让用户感到温暖、舒服、增加感情，愿意继续看下去并不断点赞。一定要关注用户热衷的话题，而不是随着自己的性子自说自话。

同时，对于一些有攻击性的留言、弹幕等，不要放在心上。如果做不到幽默化解，那么就选择无视。与用户硬碰硬地"怼"是最差的选择，这会给其他人留下"这位主播太过情绪化、不懂礼貌"的印象。

（3）才艺展示。直播间的气氛较为热烈时，接下来就可以进行才艺展示，具体展示什么以个人擅长为准。有一个原则需要注意：必须提前准备，至少可以维持30分钟的展示。

比如，我们想要进行唱歌展示，那么就必须提前准备好一份自己的专属歌单，至少有20首能够拿得出手的歌。风格上也要尽可能多元化，既有抒情歌曲，也有快节奏歌曲，这样就会给用户带来不一样的感受，不断给他们带来惊喜。

直播前一个小时非常关键，是展示自我的最佳时机。在这个阶段，我们一定要拿出自己最佳的状态，让用户看到我们身上闪光的一面。在才艺展示的过程中，一定要感谢用户，与他们进行简单互动。

2.60—90分钟：聊天互动和游戏

经过了近一个小时的才艺表演，此时我们不妨暂时放慢节奏，再次进入聊天互动和游戏环节，一方面让自己暂时放松，另一方面可以加大与粉丝的互动。

（1）聊天互动。这个阶段的聊天互动，我们可以咨询粉丝们刚才的表现，如果看到有建设性的意见，一定要表示感激。最好随手用笔记录下建议，这样会更加体现出自己的真诚。

（2）游戏互动。游戏互动也会增强直播间的气氛，并让每一个人都加入互动之中。最有效的游戏，就是"你画我猜"：我们可以在提前准备的纸或白板上画下一个动物让粉丝们来猜，第一个回答正确的粉丝就可以享受到福利。类似的游戏还有很多，如扑克牌大小、猜纸条等，都会形成较好的互动效应。

3.90—110分钟：才艺表演

一段互动结束后，可以再次进行才艺表演。这个阶段，我们不妨以"点播"的形式进行展现，即由粉丝点歌，我们演唱，但必须说明规则：这首歌要送给谁，希望为对方送上怎样的祝福。

这种才艺表演模式，既增强了与粉丝的互动性，也对才艺植入了情感，而不是单纯的自我表现。所以，它会更受粉丝的欢迎，直播间气氛被推至顶点。

4.110—120分钟：感谢及预告

直播的最后10分钟，我们要进行感谢和预告。

（1）感谢。对所有粉丝表示感谢，尤其是互动频率高的粉丝，一定要说出他们的昵称，让他们获得荣誉感和尊重感。

（2）预告下一场直播的时间和主题。提示粉丝可以进入自己的微信群，并公布微信群二维码，引导粉丝们进入。

（3）再次提示关注账号。"喜欢我的话，就请点击关注吧！这样我们下一次就会又一次相见哦！"简单的提示会让不少用户选择关注，粉丝数量不断增加。

由于视频号直播上线时间不久，所以相比抖音、快手来说功能还很有限，但是相信随着不断更新，包括连麦、排行榜等功能将会逐渐上线。届时，我们将更多功能引入直播间，必然会形成爆款人气！

7.4 视频号直播冷启动的4个策略

视频号直播，同样会经历一段时间的冷启动。那么，我们该如何突破直播冷启动阶段？

7.4.1 利用热点做直播

热衷直播的用户，通常也很关注当下的热点。热点意味着大量的关注和流量，在冷启动阶段，我们一定要利用当下的热点做直播，提升直播关注度。如果抓不住热点或者抓晚了，那么你的直播很可能会过时，没人看。

只有足够热度的热点，才会非常吸引眼球，只要我们在热度尚未消退前借此进行直播，那么就会比别的主播优先获得这波热点的红利。

当然需要注意的是：不是所有热点都适合进行结合。负面的、有违社会主流价值观的、违反法律的事件尽可能避免，否则我们如果没有把握好度说出突破底线的话，轻则遭到用户投诉，重则会被平台封禁。

7.4.2 不刻意"网红"

每位主播都有自己的个性，这是吸引粉丝的关键。很多视频号新手主播往往会陷入这样的困惑：我是不是应该如其他网红一样，学他们的动作、说话方式，其至不惜整容模仿他们？

　　这样做不仅不利于我们走出直播的冷启动阶段，反而会让我们陷入东施效颦的境地，被用户鄙夷。与其刻意模仿网红，不如坦诚自己的个性，做真实的自己。正如知名主播"周淑怡"，其外表靓丽，很多人认为她也是那种标准的"网红"。但事实上，周淑怡坦诚自己的性格并非如此，而是一种带有大大咧咧的男孩子特点。所以，被称为"周姐"的周淑怡，在直播中没有将自己塑造成标准网红的气质，而是用一种敢于自黑、大大咧咧、自由奔放的形象赢得了众多粉丝的喜爱。在这种状态下，她能够更加游刃有余地发挥自我。

　　所以，我们不必刻意做网红，而是要展现出自己的特质。无论选择怎样的个性，主播的选择理由都不应当是"别人都这样"，别人的风格不一定适合你，强行改变个性反而会让直播变得别扭。

　　当我们建立了这样的心态时，直播的具体方式也会做出调整。找到自己最适合、最舒服的状态，那么我们在镜头前才能自然表露自我，更加自信地表达。如果总是想要模仿别人，那么就会在冷启动阶段永远无法突破。

　　在展现自我的同时，还要展现自己的"温度"。直播不是简单的"你说他听"，只有在互相往来中，主播才能与粉丝建立情感链接。主播应当真诚地展现自己，与粉丝保持交流，让粉丝感受到主播的温度。

　　我们不要将视频号作为与粉丝交流的唯一平台，在微信群、微博等也要展现出生活中的一面，让粉丝认识到直播外的主播，从而使主播的形象更加立体，而不是局限于直播间的摄像头前。我们的形象越饱满，给人带来的记忆就会越深刻，那些忠实粉丝会主动帮助我们不断推广、宣传，加速突破冷启动阶段。

7.4.3 展现自己的专业

无论我们在哪个领域进行视频直播，专业都是让人信服的前提。比如，当我们在看一名主播关于护肤品的直播带货时，如果主播对这款产品的成分、效果都说得非常模糊，那么我们怎么可能选择下单，怎么可能选择关注这名主播？

在直播间，我们要尽量展现出你对产品的专业，这是我们能够吸引用户持续关注的核心。比如，李永乐能够在科普教学视频领域获得巨大成就，是因为他就是一名中学教师，拥有丰富的科普专业知识。

所以，如果想要突破冷启动阶段，那么就必须在直播定位的领域超过多数用户。你做一名服装搭配主播，那么就必须对一款衣服的材料、剪裁、设计、搭配、尺码以及适合的人群信手拈来，解答用户对该款产品的所有疑问，从心理上让用户相信你说的，这样你才能征服最初的粉丝，并形成口碑不断传播，持续性吸粉。

7.4.4 信任感：走出冷启动阶段的关键

信任，这是用户爱上我们，并成为粉丝的关键。纵观任何一名知名主播，他们无一例外都获得了粉丝的信任，所以才会主动帮助主播转发、点赞，在各种社交平台传播。

部分主播新人以为：在初期，发红包才是最好的方式。事实上，真正能够帮助我们成长的粉丝，绝不是贪图红包的粉丝，而是真正信任我们的粉丝。这种信任，来自我们的专业，但最重要的则是来自我们的真诚。

比如，作为一名摄影视频号达人，在解答用户购买相机问题时，可以从自己的角度分析某款相机的优劣，并提出其他建议；带货视频号达人面对犹豫不决的粉丝，不是一味地只顾着催单，而是直接点出可能出现的顾虑并给出解决方案，比如产品质量、售后、价格问题等；情感解答视频号达人，可以认真聆听粉丝的情感疑惑，并给出精准、有效的建议。

用交朋友的心态面对粉丝，这样我们才能获得他们的信任。也许一开始，我们的直播间粉丝数量有限，但是如果他们认为我们是可信任的，那么就会不遗余力地帮助我们进行传播，进而助力我们走出冷启动阶段。

7.5 视频号直播间布置与引流话术

为了给粉丝带来良好的体验感，我们必须对直播间进行相应的布置与硬件投入。同时，要做好引流话术的准备，让走进直播间的用户产生一种亲切感。

7.5.1 直播间的布置

直播间的布置，也会影响观众的观看体验。那么，我们该如何打造一个让人感到舒适的直播间？

1.简洁干净的环境

如果我们的直播背景是一面墙或者窗帘、壁纸等，那么我们就要在颜色上下功夫。比如，如果直播背景是窗帘，尽量选择纯色或浅色，这种背景更简洁，视觉效果更宽阔。因为深色或者纹路繁杂的窗帘会给观众带来视觉上的压迫感，让人感到不舒服。当然，如果你的直播是可爱风，直播背景墙或者窗帘可以用暖色的小清新色调。如果是成熟稳重风，则尽量以纯色的背景墙为主。

直播场所不同，直播环境也会呈现不同的风格。比如，有人在宿舍直播，这样的直播环境中可能有衣柜、床、桌子等。但无论有多少东西，都必须保持干净整洁。

2.装饰点缀

如果直播空间较大，为了避免直播间显得过于空旷，可以适当地丰富直播背景。比如放一些室内小盆栽、小玩偶等。如果是节假日，可以适当地布置一些与节日息息相关的东西，或者配上节日的妆容和服装，以此来吸引观众的目光，提升直播间人气。

3.置物架

如果直播背景墙或者墙纸风格不符合直播调性，我们就可以用置物架来调节氛围。比如，在背景中的置物架上放一些体现主播风格品位的书籍，自己喜欢的相框等。

4.绿植

为了让直播间看起来更有活力，我们也可以在直播背景中放置一些绿植来提升直播间的氛围，比如仙人球或天堂鸟等，绿植不仅有清新空气的作用，也能变化直播间的视觉效果。

5.直播桌面布置

对于直播桌面，我们要保持干净整洁，保证道具可以放置。一方面，我们要将需要带货的产品摆放于桌面之上；另一方面，可以将自己的ID及其他联系方式做成二维码台卡，放置于桌面之上，供用户及时扫码关注。除此之外，其他装饰物要尽可能减少，避免给用户带来视觉上的不良影响。

7.5.2 视频号直播间的基本硬件准备

除了环境的布置，我们还要购入一些直播硬件，提高直播效果。对于不同层次的主播，我们可以根据自身经济条件，准备不同的软硬件设备。

1.快速上手版，适合新手主播

对于新手主播，不妨采用快速上手版硬件。

（1）直播支架。选购手持或桌面支架，避免画面过于晃动。

（2）苹果手机。苹果手机系统稳定，同时软件支持更丰富，所以尽可能选择未越狱的苹果手机做直播摄像。

2.简约版，适合有经验的主播

如果我们在其他平台做过短期直播，有了一定经验，那么就可以选择简约版硬件设备。

（1）美光灯。如多色彩、柔光效果的环境灯，能够让主播皮肤更柔嫩，视觉效果更好。

（2）补光灯。摄像头前配备补光灯，保证自己的脸上没有大块阴影。

（3）变声软件。能够提供变声的软件，让声音更加丰富。

3.高配版，适合经验丰富的主播

对于直播经验丰富、粉丝数较多的主播，在配备简约版的基础上，还应增加高配的软硬件。

（1）背景板。置于背后，上面可以有自己的卡通形象、带货品牌LOGO等。

（2）声卡麦克风。配备较为专业的网红声卡麦克风，保证直播声音清晰，同时可以直接发送各种声音特效。

（3）微信二维码或胸牌。在主播台上，可以放置亚克力材质的微信二维码便于粉丝扫描，也可以佩戴胸牌、写明ID、微信群号等。

7.5.3 引流话术的准备

设计好引流话术，这是让网友成为粉丝、普通粉丝成为忠粉的关键。视频直播，我们与用户交流最主要的手段就是语言。那么，该如何巧妙合理地表达，让用户感到惊喜、舒服，愿意持续关注我们的直播间呢？

1.一句话介绍直播间

直播间开通的前期，多数进入直播间的用户除了微信好友外，很多都是与我们并不熟悉的陌生用户。所以，我们必须用一句话的时间为用户介绍清楚直播间的核心价值，让他们对我们产生兴趣。

"大家好！这里是××说护肤直播间第N场。"

"Hello，我是××！hello，我是××！我们是全网罕见的母女档主播！"

"晚上好！我们在这里为大家分享肌肤年轻的秘密！"

类似这样的一句话介绍，都是非常好的开场白，具有非常好的引流效果。

2.多使用语气词

选择观看直播的网友，通常都渴望轻松、愉快的氛围，而不是陷入严肃的职场氛围之中。所以，我们应当多使用语气词，比如"哦""啦""呀"等，让观众有亲切感。

"欢迎各位帅哥美女们来到我的直播间，哇哦，进来直播间的是美女，还是帅哥呢？刷刷评论让我看到你哦，么么哒！"

当然如果你的人设是比较严肃的，或者直播主题侧重于商务，那就不要用这些语气词。

3.感谢话术

临近直播结束前，我们也不要忘记感谢话术的准备，这也是引流的关键时刻。主播一定要表现出真诚，并主动引导那些后期进入直播间的用户关注我们。

两个小时没想到这么快就要结束了。最后给大家播放一首好听的歌。感谢大家，希望大家睡个好觉，做个好梦。新来的朋友，也希望你们可以关注我。明天晚上8点，我们依然在这里相聚！

如上这些话术，都可以起到引流的效果。但需要注意：这些语言必须经过训练，我们才能说得自然，说得动听。所以下播之后，我们要进行自我练习，邀请朋友听并提出意见，这样才能打动人心！

7.6 视频号直播如何将公域流量化为私域流量

所谓公域流量，即公开平台的流量，如淘宝直播、抖音、快手，乃至视频号直播，这都是典型的公域流量。无论是谁，只要进入平台即可直接收看，它面对的是不精准的大众，是所有用户。

与之相对，则是私域流量。所谓私域流量，即私人领域的流量。比如，我们在微信中的好友，自己建立的微信群等，这些好友都是精准的好友，我们可以向他们发送定点定制信息，其他人无法看到。

开启视频号直播，有一个重要的目的，就是将公域流量转化为私域流量。

7.6.1 为什么要转换为私域流量

为什么我们要将公域流量转化为私域流量？

1.信息的精准传播

在公域流量池传播信息，很难实现精准化传播，因为我们不知道收到信息的用户是谁，是否对我们的直播感兴趣，是否愿意购买我们的产品。甚至他们还会将其当作是一种信息骚扰，就像传统的电视媒体信息，我们无法控制它的具体流向，尽管已经做过用户画像，但依然无法确认每一个人的心态。

但私域流量不同。能够进入我们微信、微信群的人，往往是我们已经经过筛选的人，已经对他有了一定了解，包括姓名、职业、所在地、年龄、基本收入等。这样一来，我们可以针对每一个粉丝进行精准的信息定制，并实现精准投送。

2.摆脱平台的单方面束缚

在公域池做直播、带货、销售或其他活动，有一个很明显的先天不足：我们会被平台方束缚。视频号作为新崛起的短视频与直播平台，规则、流量侧重都在不断调整变化之中，如果没有建立私域，那么一旦被平台钳制，往往就会出现流量迅速下滑的局面。但是，将用户转移至私域池，那么我们就可以根据自己的规划设定规则。

3.为未来的变现做好基础

做好私域流量，就是为了未来的变现打好基础。很多时候，我们在直播间的变现是低效率的，即便拿出了非常有诚意的低折扣。

但是，被我们引入至私域池的粉丝，通常都有非常高的消费欲望。比如，我们在直播间表示：想要参与PPT课程的同学，可以扫码进微信群。那么进入微信群的粉丝，都有这方面的欲望，在微信群内进行转换，远比直播间的效率更高。

7.6.2 将公域流量转化为私域流量的技巧

想要将公域流量转化为私域流量，我们可以利用这些技巧。

1.微信群或助理微信引导

直播过程中，我们可以借助微信群二维码或助理微信进行引导。比如，我们可以说："这个PPT的制作思路就是这样，大家可以积极尝试。如果想要更深入地学习，从0到1实现PPT高手，那么现在就可以扫码进群，或添加我的助理微信。马上二维码送上！感兴趣的朋友一起来！"

通过这种方式将用户引导至私域，前提是让粉丝们"尝到甜头"：在免费的直播间内学习到了1~2个非常实用的技巧，让他们对我们产生信任和好感，这样就会主动进群、添加助理微信。如果没有这一步直接邀请粉丝，那么多数人会觉得毫无意义，不愿意进行扫码。

2.私域流量池的活动引导

为了让公域流量池的粉丝愿意主动进入私域流量池，我们需要在私域流量池不断开展活动，创建社群体系。比如，针对微信群定期召开线下见面会、QQ群内更私密的直播聊天等。

对于这些私域流量池的活动，我们要定期在视频号直播时进行展示，并邀请参与的粉丝分享活动中的快乐。我们可以说："微信群里的朋友因为交流更方便，所以大家玩得更嗨，定期还会收到各种福利！所以，希望加入我们的朋友扫码进群。除了直播，我们的其他活动都会在微信群里展开哦！"

7.7 视频号直播互动技巧与方法

直播过程中，我们势必要与粉丝不断互动。掌握相关技巧与方法，游客就会变成粉丝，粉丝升级为忠粉，形成源源不断的引流效果。

7.7.1 满足粉丝的虚荣心

有一类粉丝，喜欢不停留言自己的某个经历，比如优先买到了某款产品，或是已经使用过主播正在测评的手机。这类粉丝是很典型的"活跃粉丝"，一定要给予他们话术准备，尽可能以赞美的角度去称赞他："哇！×××原来是直播间的大神，我也很羡慕他（她）！"这种称赞，尽量不少于3次。让他（她）的虚荣心得到满足，就会更加活跃，进一步激活直播间的氛围。

7.7.2 引导粉丝点赞

点赞的作用非常强大，一方面会给直播间不断增加权重，加强引流；另一方面会点燃直播间气氛，让粉丝们的情绪不断高涨。所以，我们要有引导粉丝点赞的话术。

"接下来的内容更加精彩，还想要我继续的请点赞！"

"看到这么多热情洋溢的用户,我非常感动!当别人选择出去玩的时候,你们选择来看我的直播,太棒了!点赞送给自己!"

7.7.3 说好"敬语"

所谓敬语,就是一种尊重的称呼,包括您、老师、前辈等称谓,也包括请、劳驾、辛苦等。

尽管不少主播认为:为了塑造一种与粉丝的亲昵感,可以不必使用敬语。但事实上,在一些特定场合,如果我们合理使用敬语,就会让粉丝感到我们的真诚,愿意与我们进行更深层次的交流。

比如,当我们才艺表演结束后,一位粉丝提出了专业的问题,且做出专业建议,表示某款话筒的定向收音效果更好,甚至远程帮助我们解决了问题,此时就应采用敬语对粉丝表示感谢:"谢谢×××老师的指导,感谢您帮助我解决了难题。我们直播间真是藏龙卧虎,再次向您表示感谢!"这既体现出了我们的礼貌,也能让粉丝收获满满的自豪感,加强与主播的黏合度。

7.7.4 引导粉丝参与互动

如果直播陷入主播一个人的喋喋不休,那么这就是失败的直播,这样的直播会让所有人昏昏欲睡。所以,我们也要主动引导粉丝参与互动,回答问题。

如何激发粉丝的兴趣,积极互动,参与到直播进程中?下面这些方法技巧,值得主播尝试使用。

1.话题吸引

主播可以抛出让人困惑或引发争议的话题，引发大部分粉丝的思考。当发现气氛有所改变后，主播还可以在此时请大家一起讨论，或者激发辩论。

"办公室恋爱可以接受吗？"
"休息日，是在家宅好还是出去玩更好？"

2.悬念吸引

主播可以巧妙运用语言、手势或动作制造悬念，避免粉丝的注意力分散，进一步激发他们的好奇心，让他们能够积极参与到讨论中来。

"大家可以猜猜，在我毕业这几年之间究竟发生了什么，让我决定辞职做主播？"

3.情绪互动

发现粉丝情绪不够兴奋时，可以想办法调动他们的喜怒情绪，再进行反转，形成情绪上的互动。

"很多人说，喜欢玩游戏、玩手机的男生没什么追求，肯定会一事无成。但果真如此吗？大家怎么看的呢？"

当然，使用这种方式要注意分寸，不要彻底激怒粉丝。

4.话语互动

引导粉丝聆听话语,参加互动,让他们沉浸于话题内容中,使得他们也产生参与感和成就感。在引导粉丝接话时,主播可以拉长尾音,并用手势、眼神做出示意。

很多人现在之所以感觉没什么希望,和受传统教育影响太深有关系。尤其是小时候,经常听说,言多……(必失),沉默……(是金),枪打……(出头鸟)。

7.7.5 学会自嗨

主播的直播状态,会直接影响观看直播的粉丝状态。看看快手带货达人"散打哥"是怎么直播的:每一场直播几乎用上了所有道具,几乎声嘶力竭地渲染,夸张地手舞足蹈……"散打哥"的每一次直播,都像是一场精心设计过的"表演",不管台下的观众有什么反应,自己都要先嗨起来!

自嗨,是主播的必修课,没有人愿意看一个人对着稿子冷冰冰地念。情绪是会被传染的,只有自己真正投入到直播的过程中,让粉丝们看到你很兴奋,他们才会受到你的感染,参与到直播互动中。

7.7.6 巧妙化解敏感问题

有时候,粉丝的话题不免过于尖锐。这时候,如果主播不想正面回答,就可以选择避重就轻,巧妙地兜圈子,把敏感话题在不知不觉间迂回地带过去。

含蓄往往比口若悬河更可贵。"兜圈子"是为了化解敏感话题。与其用大段的话做出无用的解释，不如含蓄地"兜圈子"，让敏感话题的讨论就此停止。

比如，当粉丝追问"三围多少"时，不如含蓄地表示："大小无所谓啦，适合自己的才是最好的。""哎呀，这是隐私哦~"当粉丝询问"有没有男友"时，则可以爽朗地回答："是游戏不好玩，音乐不好听，还是主播不好看？为什么要急着谈恋爱？"

第八章

会选品，能成交：
视频号变现策略与技巧

8.1 视频号变现之广告变现

视频号是流量巨大的平台，我们可以通过发布短视频来吸引粉丝关注，进而实现变现。其中，广告变现是视频号变现的主要方式之一。

1. 接受品牌合作

当视频号拥有一定数量的粉丝和影响力时，可以尝试与品牌合作，通过在视频中植入品牌广告来实现变现。例如，视频拍摄时可以在开头或结尾加入品牌赞助提示，或者在视频中展示品牌产品并进行介绍。

当然，与品牌合作并不只是简单地插入广告。成功的合作需要双方深入地理解和沟通，以确保广告内容既符合品牌形象，又能与视频内容相融合，不显得突兀。

很多人不知道如何与品牌接洽，其实有很多方法。

（1）明确自己的定位和受众：在寻找合作品牌之前，要明确自己的视频号内容定位和目标受众。这将帮助你找到与你的内容和受众匹配的品牌。

（2）建立良好的形象和口碑：品牌通常会寻找形象良好、口碑效应好的创作者进行合作。因此，保持视频内容的高质量和积极互动，建立良好的观众关系是非常重要的。

（3）主动出击：可以通过社交媒体、行业论坛、品牌官网等渠道主动联系品牌，介绍自己的视频号和受众群体，表达合作意向。

（4）利用第三方平台：一些第三方平台如星图、KOL直通车等，提供了创作者与品牌之间的合作对接服务。创作者可以在这些平台上注册并展示自己的视频号，等待品牌方的合作邀请。

（5）参加行业活动：参加行业相关的会议、研讨会、展览等活动，可以增加与品牌方接触的机会，进而建立合作关系。

（6）网络社交：通过微博、知乎等社交平台，积极参与行业话题讨论，提高自己的知名度，吸引品牌注意。

（7）内容营销：视频号内容创作时制作一些与品牌相关的内容，如产品评测、品牌故事等，主动吸引品牌的注意。

（8）与同行建立联系：与其他视频号创作者建立良好的关系，有利于互相推荐合作机会。

（9）专业机构代理：如果条件允许，可以考虑与专业的MCN机构（多频道网络）合作，他们通常有丰富的品牌资源，可以帮助创作者找到合适的合作机会。

（10）持续跟进：与品牌建立联系后，要持续跟进，保持沟通，以便在合适的时机达成合作。

记住，品牌合作是一个双向选择的过程，既要寻找与自己内容相匹配的品牌，也要提高自己的价值，吸引品牌的注意。同时，保持诚信和专业的态度，对长期合作关系的建立至关重要。

2.加入微信小程序推广

微信小程序是一种轻量级的应用程序，可以在微信内直接打开使用。视频号创作者可以通过将自己的视频号与相关的小程序进行绑定，并在视频中推广小程序，从而获得小程序的广告收益。例如，可以在视频中插入小程序卡片，引导观众点击进入小程序。

3.利用微信生态系统推广

微信是一个庞大的社交生态系统，视频号创作者可以通过与其他微信功能（如公众号、朋友圈、微信群等）进行互动，扩大视频号的曝光度，从而吸引更多的广告主进行合作。例如，可以在公众号文章中嵌入视频号内容，或者通过朋友圈分享视频号视频。

视频号广告变现需要创作者不断提升自己的影响力和粉丝数量，积极寻找与品牌的合作机会，利用微信生态系统的优势进行推广。同时，视频号创作要注意保持视频内容的质量和创意，以吸引更多的观众和广告主。

8.2 视频号变现之电商变现

视频号电商变现是指通过视频号推广商品或服务，引导观众进行购买，从而实现盈利。我们常见的就是视频中带货卖商品和直播带货。

1.商品推广

在视频号中展示和推广自己的商品或服务，可以是实物商品、虚拟商品或服务。例如，如果你是卖手工艺品的，可以在视频中展示你的作品，并引导观众通过视频号小店或其他电商平台购买。

2.直播带货

利用视频号的直播功能进行商品推广和销售。在直播中展示商品、介绍商品特点和优惠活动，引导观众进行购买。例如，我们可以在直播中展示服装试穿效果，并提供购买链接。视频号平台有很多非常不错的直播间，我们可以去关注学习。

3.KOL合作

与其他视频号创作者或KOL（关键意见领袖）合作，通过他们的视频号推广你的商品。例如，可以邀请美妆博主试用你的化妆品，并在他们的视频号中分享使用体验和购买链接。

4.优惠券和促销活动

通过视频号发布优惠券或促销活动信息，吸引观众购买。例如，可以在视频中提供限时折扣码，鼓励观众在规定的时间内下单购买。

5.利用微信生态系统

利用微信的其他功能（如公众号、朋友圈、微信群等）进行商品推广，将视频号与微信生态系统的其他部分相结合，扩大商品曝光度。例如，可以在公众号文章中嵌入视频号内容，并附上商品购买链接。

6.视频号小店

微信视频号支持开设小店，可以直接在视频号中展示商品并进行销售。例如，可以在视频号小店中上架商品，并在视频和直播中引导观众点击进入小店购买。

总体而言，视频号电商变现的具体操作步骤可以分为以下几个阶段。

1.准备阶段

（1）确定商品或服务：选择你要推广的商品或服务，确保它们与你的视频号内容和目标受众相匹配。

（2）开通小店：如果尚未开通，需要按照微信的流程开通小店，并上架你的商品。当然，更多人适合以达人身份进行带货，只要在视频号开通橱窗，选择达人身份，就可以选品带货。

（3）准备内容：制作与商品相关的视频内容，包括展示、评测、使用教程等，以及准备直播带货的内容。

2.制作内容

（1）拍摄和编辑视频：制作高质量的视频内容，确保视频清晰、吸引人，并且能够充分展示商品的优点。

（2）植入商品信息：在视频中自然地植入商品信息，可以是直接地展示、使用场景模拟或者是用户评价等。

3.发布和推广

（1）发布视频：将制作好的视频发布到视频号上，并确保视频标题、描述和标签都包含相关的关键词，以便于用户搜索和获得系统推荐。

（2）利用微信生态系统推广：通过公众号、朋友圈、微信群等途径分享视频号内容，增加曝光度。

（3）跨平台推广：在其他社交媒体平台上分享视频号内容，吸引更多的观众。

4.互动和销售

（1）直播互动：通过直播与观众互动，回答问题、展示商品、提供优惠等，引导观众购买。

（2）视频评论互动：在视频评论区与观众互动，回答问题，提高转化率。

（3）提供购买链接：在视频描述、评论区或直播中提供商品购买链接，方便观众购买。

5.数据分析和优化

（1）分析数据：通过小店和视频号后台的数据分析功能，了解视频观看量、点赞量、分享量以及销售数据。

（2）优化策略：根据数据分析结果，调整内容制作和推广策略，提高转化率和销售额。

6.用户服务和售后

（1）提供优质的用户服务：及时回复用户的咨询，提供专业的建议和帮助。

（2）确保良好的售后体验：及时处理订单、发货和售后问题，确保用户满意。

通过以上步骤，视频号创作者就可以逐步建立起自己的电商模式，实现电商变现。需要注意的是，电商变现是一个长期的过程，需要不断地优化内容和营销策略，以适应市场和观众的变化。

8.3 视频号变现之知识变现

视频号知识变现是指通过视频号分享专业知识、技能或经验，吸引观众付费获取更深入的内容或服务。这里分享一些关于视频号知识变现的方法。

1.开设付费课程

如果你在某个领域有专业知识，那么你就可以制作一系列教学视频，并将这些视频作为付费课程出售。例如，健身教练可以开设线上健身课程，音乐老师可以开设音乐教学课程。比如岚迪英语，这是一个知识付费赛道的品牌。在最开始时，它的流量卡在5000UV状态，月成交额一直保持在20万元左右。但在2022年"618"期间，通过优化投流和官方奖励，岚迪英语实现了单月400万元的成交额，实现了20倍的增长。

2.举办线上讲座或研讨会

通过视频号直播功能，举办线上讲座或研讨会，观众可以通过付费参加。例如，心理咨询师可以举办关于心理健康主题的讲座。

3.销售电子书或教程

如果你有写作能力，就可以将你的知识整理成电子书或教程，通过视频号推广销售。例如，营养师可以编写一本关于健康饮食的电子书。

4.提供咨询服务

通过视频号展示你的专业能力，吸引潜在用户，并提供一对一的咨询服务。例如，财务规划师可以提供财务咨询服务。

5.利用微信生态系统

通过微信的其他功能（如公众号、朋友圈、微信群等）推广你的知识产品或服务，扩大受众群体。

6.与教育机构或平台合作

与在线教育机构或知识付费平台合作，通过他们的渠道推广你的知识产品或服务。

7.创作高质量内容

保持视频内容的高质量和专业性，以吸引观众并建立信任。例如，定期发布有关你的专业领域的免费知识分享视频，以吸引观众关注。

视频号知识变现需要创作者具备专业知识和技能，并能够制作高质量的内容吸引观众。同时，要善于利用微信生态系统的优势进行推广，并与观众建立良好的互动关系。

8.4 视频号变现之社群变现

视频号社群变现是指通过建立和维护社群，利用社群成员的互动和信任来实现变现。下面我们分享一些关于视频号社群变现的方法。

1.建立社群

根据视频号的内容定位和目标受众，建立一个相关的社群，如行业交流群、兴趣爱好群等。例如，如果你是做健身内容的，就可以建立一个健身交流群。

2.提供价值

在社群中提供有价值的内容和资源，如专业知识、行业动态、独家资讯等，以吸引和留住社群成员。例如，可以定期在社群中分享健身技巧和健康饮食知识。

3.社群互动

积极与社群成员互动，如回答问题、参与讨论、组织活动等，建立良好的关系和信任。例如，可以组织线上健身挑战活动，鼓励成员参与并分享成果。

为了进一步深化社群成员之间的联系，除了组织线上健身挑战活动，我们还可以探索更多有趣的互动形式。

（1）我们可以设立一个"每周一问"环节，每周选取一个与社群主题相关的问题，邀请成员们分享自己的见解和经验。这不仅能让大家更深入地了解彼此，还能激发成员们的思考，为社群注入更多活力。

（2）我们可以定期举办线上讲座或研讨会，邀请行业专家或成功人士分享他们的知识和经验。这种活动不仅能让成员们拓宽视野，还能为他们提供宝贵的学习机会。同时，我们也可以鼓励群成员们积极提问和互动，让讲座或研讨会变得更加生动有趣。

（3）我们还可以设立一个"成员风采"专栏，定期展示社群成员的成就和故事。这不仅能增强成员的归属感，还能激励他们更加积极地参与社群活动。同时，我们也可以邀请成员们分享自己的成长经历和经验，为其他成员提供宝贵的启示和帮助。

在组织活动时，我们还要注重活动的多样性和趣味性。除了线上活动外，我们还可以考虑组织一些线下活动，如户外拓展、团队建设等，让成员们有机会面对面交流、建立更紧密的联系。同时，我们也要注重活动的安全性和组织性，确保活动能够顺利进行并取得圆满成功。

积极与社群成员互动、建立良好的关系和信任是社群成功的关键。通过组织各种有趣、有益的活动和讨论，我们可以让社群变得更加活跃、有趣和有意义。

4.社群营销

利用社群推广商品或服务，如限时优惠、团购活动等。例如，可以与健身器材品牌合作，为社群成员提供专属优惠。

5.社群会员制

建立社群会员制度，提供更高级别的服务或福利，如会员专享内容、会员活动等。例如，可以设立会员专享的健康饮食计划和健身指导服务。

在社群会员制度的深化过程中，我们不仅要关注会员专享的内容和服务，更要关注如何提升会员的参与感和归属感。

（1）我们可以组织定期的线下交流活动。这些活动不仅可以让会员们有机会面对面地交流心得、分享经验，还能加深会员与社群之间的情感纽带。活动主题可以围绕健康饮食、健身锻炼等社群核心话题展开，通过举办讲座、研讨会、工作坊等形式，让会员们更深入地了解和学习相关知识。

（2）我们可以推出会员专属的线上挑战赛。这些挑战赛可以是以健康饮食、健身锻炼为主题的打卡活动，也可以是与其他社群成员共同参与的团队竞技赛。通过参与挑战赛，会员们可以互相激励、共同进步，同时也能在挑战中感受到社群的力量和温暖。

（3）我们可以为会员提供个性化的服务。例如，根据会员的个人需求和兴趣，为他们定制专属的健康饮食计划和健身指导服务。这些服务将结合会员的身体状况、运动习惯等因素，为他们量身打造最适合自己的健身和饮食方案。通过这种方式，我们可以让会员感受到我们的专业和用心，从而提升他们的满意度和忠诚度。

（4）我们可以为会员提供一系列的优惠和福利。例如，会员在购买社群内的相关产品或服务时，可以享受一定的折扣或优惠；在参与社群活动或挑战赛时，可以获得积分或礼品等奖励。这些优惠和福利将让会员感受到加入社群的价值和意义，从而更愿意在社群中积极参与和贡献。

通过建立社群会员制度并提供更高级别的服务或福利，我们可以让会员感受到更多的参与感和归属感。同时，通过组织线下交流活动、推出线上挑战赛、提供个性化服务和优惠福利等措施，我们可以让会员更加深入地参与到社群中来，共同打造一个充满活力、温暖有爱的社群。

6.社群合作

与其他相关社群或KOL合作，互相推广和资源共享，扩大社群影响力和成员数量。例如，可以与营养师或健身教练合作，共同举办线上健康讲座。

视频号社群变现需要创作者不断提升自己的影响力和粉丝数量，积极寻找与社群的结合点，利用微信生态系统的优势进行推广。同时，要注意保持社群内容的质量和互动，以吸引更多的成员参与和购买。

8.5 视频号变现之引流变现

视频号引流变现是指通过视频号吸引流量，并将这些流量引导至其他平台或渠道，以实现变现。

1.内容引导

在视频号发布高质量的内容，留下"钩子"，吸引观众关注。在视频或描述中巧妙地植入其他平台的引导信息，如提示观众关注你的公众号、加入社群、下载App等。

2.直播互动

利用视频号直播功能与观众互动，提供有价值的内容或福利，如限时优惠、独家资讯等，引导观众关注你的其他平台。

3.跨平台推广

在其他社交媒体平台（如微博、抖音、快手等）上分享视频号内容，并引导观众关注你的视频号和其他平台。

4.合作互推

与其他视频号创作者或KOL合作，互相推广和引流，扩大影响力和受众群体。视频号创作者与KOL（关键意见领袖）之间的合作愈发频繁，这种合作模式不仅为双方带来了更广泛的曝光机会，也为各自的受众群体带来了全新的内容体验。

在寻找合作伙伴时，我们应该致力于与那些与我们内容风格相近、受众群体重叠但又有差异化的视频号创作者和KOL进行合作。这样的合作不仅能够确保双方的内容在传播时保持一致性，还能吸引更多新的受众群体，实现互利共赢。

合作的形式多种多样，我们既可以通过在视频中提及对方、分享对方的链接或二维码来实现引流，也可以通过共同策划一些特色活动或节目来吸引观众。比如，我们可以邀请合作的KOL来连麦参与我们的直播活动，分享他们的经验和见解；或者我们也可以联合其他创作者共同制作一些跨界合作的视频内容，让观众在欣赏到新鲜内容的同时，也能感受到不同创作者之间的默契和火花。

当然，合作的过程并不是一帆风顺的，我们需要时刻关注受众的反馈和市场的变化，不断调整和优化我们的合作策略。

5.数据分析

利用视频号后台的数据分析功能，了解观众行为和喜好，优化内容和引流策略。在深入了解视频号后台的数据分析功能后，我们可以更加精准地把握观众的行为和喜好，从而进一步优化内容和调整引流策略。

通过数据分析，我们能够清晰地看到观众的观看时长、观看高峰时段以及互动情况。这些数据为我们提供了宝贵的反馈，帮助我们了解哪些内容更受观众欢迎，哪些时段观众更为活跃。基于此，我们可以有针对性地调整内容发布时间和频率，确保内容能够在观众最活跃的时候达到最大的曝光量。

数据分析还能帮助我们挖掘观众的潜在需求。通过分析观众的搜索记录、点赞和评论内容，我们可以了解观众对于某个话题或领域的兴趣点，从而创作出更符合观众需求的内容。同时，我们还可以根据观众的地域、年龄、性别等信息进行精细化运营，推出更具针对性的内容和活动，提升观众的参与度和黏性。

在引流策略方面，我们可以利用视频号平台的推荐算法和社交属性，通过与其他优质账号合作、参与平台活动、发布高质量内容等方式，提升账号的曝光量和关注度。同时，我们还可以结合其他社交媒体平台进行多渠道推广，扩大影响力，吸引更多潜在观众。

通过以上方法，视频号创作者可以将吸引的流量引导至其他平台或渠道，实现引流变现。需要注意的是，引流变现需要持续优化内容和策略，以适应市场和观众的变化。

8.6 视频号个人品牌打造策略与方法

要想让视频号实现变现，关键点在于我们塑造出个人品牌、个人IP价值，与其他视频号相比具有鲜明的特色。拥有鲜明个人品牌的视频号，不仅对直播，对品牌代言和短视频产品植入等也会大有帮助。尤其是个人出镜的视频号运营者，这一点尤为重要。

1.适当出格，以内涵制胜

什么样的主播最容易被人记住？很显然是那些略显异于常人的人。所以，越来越多的主播不惜扮丑搞怪，以此渴望得到流量关注，但这类网红往往只能经历"15分钟的辉煌"便悄无声息。

那么，我们该如何适当出格，且保持内涵呢？

不妨以"手工耿"为参考。手工耿，留着长发与胡子，外形上出格。但最重要的是，他具备其他人不具备的内涵——制作各种道具，并强调这种道具是"完全无用"的。配合乡土味十足的视频，"手工耿"一炮而红。

所以，无论是在视频号的短视频中还是直播间，我们都要分析自己最擅长的是什么，如何与同行相比有一定特色。做到这一点，我们就会成为脱颖而出的主播。

比如，我们主打职场技能教学，那么不必完全拘谨地拍摄短视频，而是不妨将自己塑造成一个有些落魄的"996打工人"，刻意不让自己显得那么优秀。在拍摄自己的故事过程中，将各种有用的技能传播，这样我们的人设就与那些培训主播截然不同，既有丰富的内涵，也有与众不同的一面。

2.固定形象

形象是主播吸引用户的第一道门槛。主播的形象，不仅是指主播的外貌，还包括主播的语言、表情、眼神、才艺，乃至直播间的布置、背景歌曲等要素，尤其是在直播间，以上这些内容共同构成主播的形象特征。

所谓固定形象，就是指无论什么时候上播，我们都会带着固定的特点出现在粉丝面前。

当然，固定形象并不意味着种种要素一成不变，我们可以定期更换背景音乐、根据直播主题调整直播间的布置等。这种"形象的固定"，不是说形象一成不变，而是维持统一的形象风格，即所谓的"人设"。新人主播尤其要注意的是，即使直播间只有寥寥几位观众，也要维护自己的形象，切忌因一时懈怠，导致人设崩塌。

3.找到自己适合的姿势

找到自己最适合的姿势，才能塑造出最适合自己的形象。如果不理解这一点，只是一味模仿这些成功的主播，也许一期两期没有问题，但是时间一长人们就会感到非常不适应。毕竟，总是演别人、压抑自己的特点，没有人会感到舒服。

所以，想要塑造自己的视频号个人品牌，就要找到让自己最舒服的状态。如果你性格稳重，就不必刻意要求自己讲段子、说笑话，让自己的说话内容有内涵、有价值，说话风格也会水到渠成；如果你性格外向，则可以大胆地以热情来感染用户。突出性格特点，让自己感到舒服，就会形成独特的自我风格。

先森，今天我给大家带来一款钱包，希望你能喜欢哟。

如果你不是一个性格外向、对互联网流行语并不擅长的人，这句话说出来就不能打动人心。

想要找到最适合自己的姿势，就需要知道自己的长处是什么，短处是什么，这样才能扬长避短。比如，一位主播喜欢头发半遮面，喜欢一直侧脸，喜欢镜头俯视或仰视，就是为了最好的效果，规避自己身上的某些缺点。

如果我们意识到自己在外貌上不具备绝对优势，那么不妨在其他方面寻找自己的特质。有的主播长相普通，但是可以一说话就让观众狂笑，这也是一种能力的体现。突出自己的性格特点或某个特殊技能，那么我们也能找到自己的定位。

4.设置自己的专属SLOGAN

Slogan，即为口号、标语。我们要在短视频中设置自己的slogan，无论是真人出镜说话，还是借助某个道具，抑或是固定的某种视频特效，要让用户一看到/听到，便能立刻意识到这是你的视频。这种个人化的slogan，就是个人品牌。

比如，每期视频开始，我们可以从同一个角度用同样的语调说："热爱美食、热爱运动的×××今天上线。""倒计时5秒，最爱美的×××就要来咯！"这样的slogan简单、易懂、易读、易记，既可以塑造强烈的个人风格，又可以逐渐让用户很容易记住你。如果我们有非常专业的后期制作能力，还可以制作一个属于自己的特效，这是更加专业的slogan，非常具有洗脑效应。

第九章

留用户,做私域:
如何使用流量漏斗打造流量池

9.1 为什么视频号天然适合做私域

视频号作为微信生态系统的一部分,以下几个特点使其天然适合做私域运营。

1. 微信生态闭环

视频号与微信的其他功能(如朋友圈、公众号、微信群、小程序等)紧密结合,形成了一个完整的生态闭环。这意味着创作者可以通过多种方式与粉丝互动,并将粉丝转化为私域流量。

在这个生态闭环中,视频号不仅为创作者提供了展示才华的舞台,还为他们打造了一条从内容创作到粉丝积累,再到私域流量转化的高效路径。创作者们可以巧妙地利用朋友圈的社交属性,通过分享视频号的精彩内容,吸引更多潜在粉丝。而公众号则为创作者提供了深度内容输出的平台,他们可以在这里发布与视频内容相关的文章、教程等,进一步丰富粉丝的观看体验,并加深与粉丝之间的情感连接。

微信群则是创作者与粉丝之间互动交流的绝佳场所。在这里,创作者可以组织线上活动,如问答、投票、抽奖等,与粉丝进行实时互动,增强粉丝的参与感和归属感。同时,微信群也为创作者提供了一个获取粉丝反馈和建议的渠道,他们可以根据粉丝的需求和建议,不断调整和优化自己的创作方向。

小程序则为创作者提供了更多变现的可能。通过开发与视频号内容相关的小程序，创作者可以为粉丝提供更加便捷的服务，如购买视频教程、定制周边产品等。这样，创作者不仅可以通过广告收益和平台分成获得收入，还可以通过小程序的销售获得额外的收益，实现多元化的盈利模式。

在这个生态闭环中，视频号与其他微信功能的紧密结合，不仅为创作者提供了更多的创作工具和互动渠道，也为他们带来了更广阔的商业前景。未来，随着微信生态系统的不断完善和优化，视频号有望在内容创作和私域流量转化方面发挥更加重要的作用。

2.高度社交属性

微信本身是一个社交平台，用户之间的互动和信任度较高。视频号的内容可以轻松地通过微信分享给朋友或群聊，有助于内容的传播和信任的建立。

3.易操作性

视频号的操作简单，用户无须离开微信即可观看、分享和购买。这种便捷性有助于提高用户的参与度和转化率。

4.强大的粉丝管理体系

视频号提供了一系列工具，如私信、评论、点赞等，创作者可以利用这些工具与粉丝建立直接联系，形成稳定的粉丝群体。

5.数据分析能力

视频号后台提供了丰富的数据分析功能，创作者可以通过这些数据了解粉丝的行为和喜好，从而更好地制定内容和运营策略。

6.直播互动

视频号的直播功能允许创作者与粉丝实时互动，这种即时的沟通有助于增强粉丝的参与感和忠诚度。

7.内容形式多样

视频号支持多种内容形式，如短视频、直播、图文等，创作者可以根据粉丝喜好和内容定位灵活选择。

举例来说，一个做美食内容的创作者，可以通过视频号发布美食制作教程，然后在视频描述中引导粉丝关注公众号获取更多食谱，或者加入微信群参与美食分享和讨论。通过这种方式，创作者不仅可以在视频号上吸引粉丝，还可以将粉丝转化为公众号读者或群成员，形成自己的私域流量。这些私域流量可以为创作者带来更稳定的关注和潜在的商业机会。

进一步来说，美食创作者还可以利用微信小程序来提供更加便捷的服务。例如，他们可以在小程序中开设一个在线菜谱库，粉丝无需跳转到其他平台，便可以直接在小程序中浏览和搜索食谱。此外，小程序还可以提供食材购买功能，粉丝可以直接在小程序中购买所需的食材，为创作者带来额外的收入来源。

美食创作者还可以考虑与电商平台合作，通过直播带货的形式推广特色食材或烹饪工具。在直播中，创作者可以亲自展示食材的品质和烹饪工具的使用方法，增强消费者的购买欲望。同时，电商平台提供的流量支持和优惠活动也能帮助创作者吸引更多粉丝并提升转化率。

在社交媒体方面，美食创作者可以利用微博、抖音等平台进行内容传播和互动。通过定期发布高质量的美食照片和视频，吸引更多潜在粉丝的关注。同时，创作者还可以与粉丝进行实时互动，解答他们的问题，分享烹饪心得，增强粉丝的黏性和忠诚度。

通过类似的运营方式，忠实粉丝都会留在自己的微信好友、微信群当中，更方便进行社群运营。

9.2 私域运营的5个阶段

私域的重要性，毋庸置疑，只有将用户留存在自己的私域池塘里，我们才有流量。否则，所有流量都是平台的，一旦有风吹草动，我们的运营就变得非常被动。

总结而言，私域运营通常包括以下几个阶段。

1.用户引入阶段

（1）目标：吸引潜在用户并引导他们进入私域流量池。

（2）方法：通过优质内容、活动、广告等方式吸引用户关注，并利用各种渠道（如公众号、二维码、小程序等）引导用户加入微信群、关注视频号等。

在成功吸引用户关注并引导他们加入我们的社群后，下一步就是深化与用户的互动，让每一位用户都能感受到我们的热情和用心。

2.用户培育阶段

（1）目标：建立信任关系，提高用户活跃度和参与度。

（2）方法：定期发布有价值的内容，如专业知识、行业动态、独家资讯等，通过互动、答疑、讨论等方式与用户建立良好的关系。

在内容形式上，要不断创新，尝试更多元化的展现方式。例如，通过视频教程、直播互动、在线研讨会等形式，让用户能够更直观、更生动地了解我们分享的内容。同时，可以邀请行业内的专家、学者、企业家等，与我们共同打造高质量的内容，为用户提供更多有价值的资源。

在互动环节，要更加注重用户的参与感和体验感。通过设立问答环节、开设讨论区、举办线上活动等方式，鼓励用户积极发言、分享观点、提出问题。要认真倾听用户的反馈和建议，不断优化内容和服务，以满足用户的个性化需求。

3.用户转化阶段

（1）目标：将用户转化为付费用户或实现其他商业目标。

（2）方法：提供有吸引力的产品或服务，通过促销活动、优惠券、团购等方式激发用户购买意愿，并优化购买流程和售后服务。

比如，定期举办主题促销活动，结合时下热点和用户需求，打造独特且富有吸引力的购物节。给用户配以专属的优惠折扣，让用户在享受购物乐趣的同时，也能感受到我们的用心。

比如，通过微博、微信等社交平台，发布最新的产品信息和优惠活动，邀请用户参与话题讨论、分享购物心得，或者举办线上互动游戏，增加用户的参与感和归属感。

比如，通过分析用户的购买记录、浏览习惯等数据，为用户推送更符合他们需求的个性化推荐，提高购物的精准度和满意度。可以为用户提供定制化的服务，如专属的购物顾问、定制化的产品包装等，让用户感受到我们独特的关怀和尊重。

在用户转化阶段，要通过不断创新和优化营销策略、购买流程和售后服务等方面的工作，为用户提供更加优质、便捷、个性化的购物体验。

4.用户沉淀阶段

（1）目标：维护老用户，提高用户忠诚度和复购率。

（2）方法：通过定期跟进、个性化服务、会员制度等方式与老用户保持联系，提供专属福利和优惠，鼓励用户持续关注和购买。

5.用户裂变阶段

（1）目标：通过现有用户的口碑传播和推荐，吸引更多新用户。

（2）方法：鼓励用户推荐和邀请朋友加入，通过裂变活动、邀请奖励等方式激励用户主动传播。

在运营的每个阶段都需要制订相应的策略和行动计划，同时根据用户反馈和数据分析不断优化和调整。私域运营是一个长期而持续的过程，需要耐心和细致的运营管理。

9.3 如何在私域里多次成交

在私域运营中实现多次成交，关键在于建立良好的用户关系，提供有价值的产品或服务，并通过精细化的运营策略不断吸引和保留用户。

在不断精细化地运营中，我们总结了一些比较好用的策略，可以借鉴：

1.用户分群与个性化营销

在深入分析用户的购买历史、偏好和行为后，我们成功地将用户群体细分为几个关键群组。这些群组不仅代表了不同的消费需求，也为我们提供了制订个性化营销方案的坚实基础。

比如"品质追求者"这一用户群体，他们倾向于购买高端、品质卓越的产品，并注重产品的独特性和设计感。为了满足这一群体的需求，我们特别推出了一系列限量版、定制化的产品。同时，我们可以为他们提供专属的VIP服务，包括产品定制、快速配送和售后保障等，以确保他们享受到无与伦比的购物体验。

而对于"价格敏感型"用户，他们更看重产品的性价比和优惠活动。因此，我们可以针对这一群体制定灵活的定价策略，并提供丰富的折扣和促销活动。此外，我们还可以通过社交媒体等，定期向他们推送最新的优惠信息和限时抢购活动，以激发他们的购买欲望。

通过这些个性化的营销方案，不仅可以提高用户的满意度和忠诚度，也能有效提升销售额和市场份额。

2.内容营销

很多私域运营者会把粉丝导入知识星球、微信群等，会定期发布高质量的内容，如教育性文章、产品使用技巧、行业动态等，以增加用户的黏性。不断输出内容，是留住私域用户的重要手段。

3.增强互动

针对私域用户，要不断激活他们的积极性，我们可以通过社群、直播、问答等形式增加与用户的互动，提高用户的参与感和归属感。也可以定期举办线上、线下活动，如抽奖、限时优惠等，刺激用户参与和购买。

4.跨渠道整合

为了推动多次成交，我们不仅要将私域流量与公域流量、线下渠道紧密结合，还需深入挖掘各渠道的独特优势，实现真正的互补与融合。

私域流量的价值在于其高度的用户黏性和忠诚度。通过精细化运营和内容营销，我们可以持续为用户提供有价值的信息和服务，从而增强用户对我们品牌的认同感和归属感。同时，私域流量也是我们与用户建立深度连接的重要桥梁，通过社群运营、会员体系等方式，我们可以更直接地了解用户需求，提供个性化的产品和服务。

线下渠道同样不容忽视。虽然线上购物便捷快速，但线下渠道的实物展示、试用体验等优势依然无法替代。我们可以将线下门店作为品牌形象的展示窗口，通过提供优质的购物环境和服务，增强用户对我们品牌的信任感和满意度。同时，线下渠道也可以作为线上渠道的补充，为用户提供更加丰富的购物选择。

在实现多渠道营销和销售的过程中，我们需要确保不同渠道的信息一致性和服务协同。这意味着我们需要建立统一的品牌形象和宣传口径，确保用户在不同渠道上获得的信息是一致的。同时，需要加强各渠道之间的协作与配合，实现用户数据、订单信息等的无缝对接，为用户提供更好的购物体验。

总之，将私域流量与公域流量、线下渠道相结合，实现多渠道营销和销售是未来的重要战略方向。需要不断探索和创新，充分发挥各渠道的优势，才能为用户提供更加优质、便捷的服务。

5.长期关系维护

要把私域用户当成朋友一样去对待，可以通过节日问候、生日祝福等个性化的关怀，维护与用户的长期关系。我们需要不断收集用户反馈，优化产品和服务，提升用户体验，让他们感觉自己得到了专属的服务。

6.产品和服务多样化

用户的需求如果能在私域得到极大满足，他就不会再去其他平台，所以定期推出新产品或服务就显得很必要，这样才能满足用户的多样化需求。还可以通过组合销售、捆绑销售等方式，增加用户的平均购买价值。

通过上述策略，可以在私域中建立稳定的用户基础，实现用户的多次成交和长期价值。

9.4 视频号是一份事业

任何一个自媒体平台，如果能持续深耕，总能拿到结果。

对与视频号来说，它是一个展示我们品牌，输出我们内容的窗口。跟抖音等公域流量极大的平台相比的话，视频号更适合深耕，因为它能帮我们极好地沉淀我们的流量。公域流量是天上的雨水，大家都能分一点。但视频号带来的私域流量，是给我们建了一条专属的水管。源源不断的私域用户被沉淀在我们的流量池里后，我们就有了我们的流量基础，再经过精细化运营，就会形成良好的商业生态。

在视频号的舞台上，我们不仅仅是在展示和输出，更在探索和创造。每一个精心制作的视频，都是对品牌价值的深度挖掘，都是对用户需求的精准把握。我们倾听市场的声音，洞察行业的动态，将最新的理念、最前沿的技术、最真实的故事融入其中，让每一个观众都能在视频中感受到我们的热情与专业。

视频号的私域流量，如同我们精心培育的花园。我们在这里播种、浇水、施肥，期待着花开满园的那一天。通过持续互动与沟通，我们与用户建立了深厚的情感联系，他们不仅是我们的观众，也是我们的朋友和伙伴。这种基于信任与共鸣的关系，让我们在商业变现的道路上更加从容与自信。

在视频号的生态中，我们不断探索新的商业模式。无论是直播带货、知识付费，还是广告合作，我们都以用户为中心，为他们提供有价值的产品和服务。我们相信，只有真正满足用户需求的内容，才能赢得市场的认可和支持。同时，我们也注重与合作伙伴的互利共赢，共同推动行业的健康发展。

未来，我们将继续在视频号上精耕细作，不断创新和优化我们的内容和服务。我们将以更加开放的心态和更加专业的态度，迎接每一位用户的到来。我们相信，在视频号这个充满机遇与挑战的舞台上，我们将创造更加辉煌的未来。